周易禅解

(明) 释智旭 撰
郑同 点校

图书在版编目（CIP）数据

周易禅解／（明）释智旭撰；郑同点校. —北京：九州出版社，2022.12
ISBN 978－7－5225－1221－1

Ⅰ.①周… Ⅱ.①释… ②郑… Ⅲ.①《周易》－研究 Ⅳ.①B221.5

中国版本图书馆 CIP 数据核字（2022）第 189364 号

周易禅解

作　　者	（明）释智旭 撰　郑同 点校
责任编辑	王文湛
出版发行	九州出版社
地　　址	北京市西城区阜外大街甲 35 号（100037）
发行电话	（010）68992190/3/5/6
网　　址	www.jiuzhoupress.com
印　　刷	三河市九洲财鑫印刷有限公司
开　　本	710 毫米×1000 毫米　16 开
印　　张	16
字　　数	250 千字
版　　次	2022 年 12 月第 1 版
印　　次	2022 年 12 月第 1 次印刷
书　　号	ISBN 978－7－5225－1221－1
定　　价	58.00 元

★版权所有　侵权必究★

点校凡例

一、《周易禅解》十卷，明释智旭著。智旭（公元1599～1655年），明末僧人，俗姓钟，名际明，字蕅益，号八不道人、北天目道人，又从所居称灵峰老人，古吴木渎（今属江苏吴县）人。少习儒书，曾誓灭释老，著《辟佛论》数十篇。年十七，因读莲池《自知录序》和《竹窗随笔》等书，开始信佛，并全部烧毁旧论。二十四岁时从憨山弟子雪岭剃度出家，法名智旭，后于莲池塔前受具足戒和菩萨戒。从此游方各地，广涉诸宗，遍学法相、禅、律、华严、天台、净土诸宗教义，主张禅、教、律三学融合，佛、道、儒三教一致。与憨山、紫柏、莲池并称明代四大高僧。晚年定居灵峰寺，崇祯间住持江浙各地，禅学著述颇多。

二、释智旭在深明佛学、易学大义的基础上，为达到"援禅以证易，诱儒以知禅"的目的，撰写了《周易禅解》一书。本书融合了会儒学与禅学的思想，运用了大量的佛教用语来解释《周易》，有自己独到的解《易》方法，在中国易学史上占有重要地位。

三、本次点校所采用底本，为江苏广陵刻印社所影印之《周易禅解》。

四、此次整理工作包括标点、文字处理、校勘工作。

五、全书文字采用简体横排。凡讹误之处，径改正之。

六、历来对是书之研究颇多，本次整理收入印光大师《四书蕅益解》之序一篇、弘一大师所撰《蕅益大师年谱》一篇。结为《周易禅解附录》一卷，附于本书之末。

七、本书根据现行新的标点用法，并结合古籍整理标点的通例，对全书进行统一规范的标点。但全书不使用破折号、省略号、着重号、专名号，正文中不使用间隔号。凡京房原文，采用楷体字排版。其他说明性文字，采用仿体字排版。

八、文字处理。汉字简化字以国家文字工作委员会发布的《文字使用规范条例》《简化字总表》《第一批异体字整理表》为基准，以《辞海》和《汉语大字典》为依据。未尽之处，依古籍整理通例处理。所有文字，凡能简化者，一律简化。古体字、不规范字，一律改为规范简化字。但正文中，为避免歧义，个别繁体字、异体字予以保留，不作简化处理。

周易禅解序

蕅益子结冬于月台。禅诵之余,手持韦编而笺释之。或问曰:"子所解者是《易》耶?"余应之曰:"然。"复有视而问曰:"子所解者非《易》耶?"余亦应之曰:"然。"又有视而问曰:"子所解者亦《易》亦非《易》耶?"余亦应之曰:"然。"更有视而问曰:"子所解者非《易》非非《易》耶?"余亦应之曰:"然。"

侍者闻而笑曰:"若是乎堕在四句中也。"余曰:"汝不闻四句皆不可说,有因缘故四句皆可说乎?因缘者,四悉檀也。人谓我释子也。而亦通儒,能解《易》,则生欢喜焉。故谓是《易》者,吾然之。世界悉檀也。或谓我释子也。奈何解《易》,以同俗儒?知所解之非《易》,则善心生焉。故谓非《易》者,吾然之。为人悉檀也。或谓儒释殆无分也。若知《易》与非《易》必有差别,虽异而同,虽同而异,则笼统之病不得作焉。故谓亦《易》亦非《易》者,吾然之。对治悉檀也。或谓儒释必有实法也。若知非《易》,则儒非定儒。知非非《易》,则释非定释。但有名字,而无实性。顿见不思议理焉。故谓非《易》非非《易》者,吾然之。第一义悉檀也。"

侍者曰:"不然。若所解是《易》,则人将谓《易》可助出世法,成增益谤。若所解非《易》,则人将谓师自说禅,何尝知《易》?成减损谤。若所解亦《易》亦非《易》,则人将谓儒原非禅,禅亦非儒。成相违谤。若所解非《易》非非《易》,则人将谓儒不成儒,禅不成禅,成戏论谤。乌见其为四悉檀也?"

余曰："是固然。汝独不闻人参善补人，而气喘者服之立毙乎？抑不闻大黄最损人，而中满者服之立瘥乎？春之生育万物也，物固有遇春而烂坏者。夏之长养庶品也，草亦有夏枯者。秋之肃杀也，而菊有黄花。冬之闭藏也，而松柏青青，梅英馥馥。如必择其有利无害者而后为之，天地恐亦不能无憾矣。且佛以慈眼视大千，知群机已熟，然后示生，犹有魔波旬扰乱之，九十五种嫉妒之，提婆达多思中害之。岂惟尧舜称犹病哉？吾所由解《易》者，无他。以禅入儒，务诱儒以知禅耳。纵令不得四益而起四谤，如从地倒，还从地起。置毒乳中，转至醍醐，厥毒仍在。遍行为外道师，萨遮为尼犍主。意在斯也。"

侍者再拜而谢曰："此非弟子所及也。请得笔而存之。"

崇祯辛巳仲冬
旭道人书于温陵之毫余楼

目　　录

点校凡例
周易禅解序
周易禅解卷一
上经之一 ……………………………………………………………… 1
　　乾 …………………………………………………………………… 3
　　坤 …………………………………………………………………… 14
周易禅解卷二
上经之二 ……………………………………………………………… 21
　　屯 …………………………………………………………………… 21
　　蒙 …………………………………………………………………… 25
　　需 …………………………………………………………………… 28
　　讼 …………………………………………………………………… 31
　　师 …………………………………………………………………… 34
　　比 …………………………………………………………………… 37
　　小畜 ………………………………………………………………… 40
　　履 …………………………………………………………………… 43
周易禅解卷三
上经之三 ……………………………………………………………… 45
　　泰 …………………………………………………………………… 45
　　否 …………………………………………………………………… 48
　　同人 ………………………………………………………………… 50

大有	53
谦	56
豫	59
随	62
蛊	64
临	66
观	68

周易禅解卷四

上经之四 71

噬嗑	71
贲	74
剥	77
复	80
无妄	83
大畜	86
颐	89
大过	91
坎	93
离	95

周易禅解卷五

下经之一 97

咸	97
恒	100
遯	103
大壮	105
晋	107
明夷	110
家人	112

睽	114
蹇	117
解	119
损	122
益	124

周易禅解卷六
下经之二 127

夬	127
姤	130
萃	133
升	135
困	137
井	139
革	141
鼎	143
震	145
艮	148
渐	151
归妹	154

周易禅解卷七
下经之三 157

丰	157
旅	160
巽	163
兑	165
涣	167
节	169
中孚	171

小过 ·· 174

既济 ·· 177

未济 ·· 179

周易禅解卷八

系辞上传 ·· 181

周易禅解卷九

系辞下传 ·· 197

说卦传 ·· 208

序卦传 ·· 213

杂卦传 ·· 215

《易解》跋 ·· 218

周易禅解卷十

校刻《易禅》纪事 ·· 229

周易禅解附录

《四书蕅益解》重刻序 ·· 231

蕅益大师年谱 ·· 233

周易禅解卷一

上经之一

六十四卦皆伏羲所画。夏经以艮居首，名曰《连山》。商经以坤居首，名曰《归藏》。各有繇辞以断吉凶。文王囚羑里时，系今《彖辞》。以乾坤二卦居首，名之曰《易》。周公被流言时，复系爻辞。孔子又为之传，以辅翼之，故名《周易》。古本文王、周公彖、爻二辞，自分上下两经。孔子则有《上经彖传》、《下经彖传》、《上经象传》、《下经象传》、乾坤二卦《文言》、《系辞上传》、《系辞下传》、《说卦传》、《序卦传》、《杂卦传》，其名"十翼"。后人以孔子前之五传，会入上下两经。而《系辞》等五传不可会入，附后别行。即今经也。

可上可下，可内可外，易地皆然。初无死局，故名交易。能动能静，能柔能刚，阴阳不测。初无死法，故名变易。虽无死局，而就事论事，则上下内外仍自历然。虽无死法，而即象言象，则动静刚柔仍自灿然。此所谓万古不易之常经也。若以事物言之，可以一事一物各对一卦一爻。亦可于一事一物之中，具有六十四卦三百八十四爻。若以卦爻言之，可以一卦一爻各对一事一物。亦可于一卦一爻之中，具断万事万物，乃至世出世间一切事物。又一切事物即一事一物，一事一物即一切事物。一切卦爻即一卦一爻，一卦一爻即一切卦爻。故名交易变易。实即不变随缘，随缘不变，互具互造，互入互融之法界耳。

伏羲但有画而无辞，设阴阳之象，随人作何等解，世界悉檀也。文王彖辞，吉多而凶少，举大纲以生善，为人悉檀也。周公爻辞，诫多而吉少，尽变态以劝惩，对治悉檀也。孔子十传，会归内圣外王之学，第一义悉檀也。偏说如此。克实论之，四圣各具前三悉檀。开权显实，则各四悉。

（乾）☰ 乾上
　　　☰ 乾下

乾，元亨利贞。

六画皆阳，故名为乾。乾者，健也。在天为阳。在地为刚。在人为智为义。在性为照。在修为观。又在器界为覆。在根身，为首，为天君。在家为主。在国为王。在天下为帝。或有以天道释，或有以王道释者，皆偏举一隅耳。健则所行无碍，故元亨。然须视其所健者何事。利贞之诫，圣人开示学者切要在此，所谓修道之教也。夫健于上品十恶者必堕地狱，健于中品十恶者必堕畜生。健于下品十恶者必堕鬼趣，健于下品十善者必成修罗。健于中品十善者必生人道，健于上品十善者必生天上。健于上品十善，兼修禅定者，必生色无色界。健于上品十善，兼修四谛十二因缘观者，必获二乘果证。健于上上品十善，能自利利他者，即名菩萨。健于上上品十善，了知十善，即是法界即是佛性者，必圆无上菩提。故十界皆元亨也。三恶为邪，三善为正。六道有漏为邪，二乘无漏为正。二乘偏真为邪，菩萨度人为正。权乘二谛为邪，佛界中道为正。分别中边不同为邪，一切无非中道为正。此利贞之诫，所以当为健行者设也。

初九。潜龙勿用。

龙之为物也，能大能小，能屈能申，故以喻乾德焉。初未尝非龙，特以在下，则宜潜而勿用耳。此如大舜耕历山时，亦如颜子居陋巷乎？其静为复，其变为姤。复则"后不省方"以自养，姤则"施命诰四方"以养众。皆潜之义也。

九二。见龙在田。利见大人。

初如渊，二如田，时位之不同耳。龙何尝有异哉！二五曰大人，三曰君子，皆人而能龙者也。此如大舜征庸时，亦如孔子遑遑求仕乎？其静为临为师，其变为同人，皆有利见之义焉。

九三。君子终日乾乾。夕惕若厉，无咎。

在下之上则地危，纯刚之德则望重，故必终日乾乾。虽至于夕，而犹惕若。所谓"安而不忘危"。危者，安其位者也。此如大舜摄政时，亦如"王臣蹇蹇匪躬者"乎？其静为泰为谦，其变为履，皆有"乾乾惕厉"之义焉。

九四。或跃在渊。无咎。

初之勿用，必于深渊。四亦在渊，何也？初则潜，四则跃，时势不同，而迹暂同。此如大舜避位时，亦如大臣之休休有容者乎？其静为大壮为豫，其变为小畜，皆有将飞未飞，以退成进之义焉。

九五。飞龙在天。利见大人。

今之飞者，即昔之或跃、或惕、或见、或潜者也。不如此，安所称大人哉！我为大人，则所见无非大人矣。此如大舜垂衣裳而天下治，亦如一切圣王之御极者乎？其静为夬为比，其变为大有，皆有利见之义焉。

上九。亢龙有悔。

亢者，时势之穷。悔者，处亢之道也。此如大舜遇有苗弗格，舞干羽于两阶乎？否则不为秦皇汉武者几希矣。其静为乾为剥，其动为夬，皆亢而须悔者也。王阳明曰："乾六爻作一人看，有显晦，无优劣。作六人看，有贵贱，无优劣。"

统论六爻表法，通乎世出世间。若约三才，则上二爻为天，中二爻为人，下二爻为地。若约天时，则冬至后为初爻，立春后为二爻，清明后为三爻，夏为四爻，秋为五爻，九月后为上爻。又乾坤二卦合论者，十一月为乾初爻，十二月为二爻，正月为三爻，二月为四爻，三月为五爻，四月为上爻。五月为坤初爻，乃至十月为坤上爻也。若约欲天，则初爻为四王，二忉利，三夜摩，四兜率，五化乐，上他化。若约三界，则初欲界，二、三、四、五色界，上无色界。若约地理，则初为渊底，二为田，三为高原，四为山谷，五为山之正基，上为山顶。若约方位，则初为东，三为南，四为西，六为北，二、五为中。若约家，则初为门外，上为后园，中四爻为家庭。若约国，则初、上为郊野，中四爻为城内。若约人类，则初民，二士，三官长，四宰辅，五君主，上太皇，或祖庙。若约一身，则初为足，二为腓，三为股为限，四为胸为身，五为口为脢，上为首亦为口。若约一世，则初为孩童，二少，三壮，四强，五艾，上老。若约六道，则如次可配六爻。又约十界，则初为四恶道，二为人天，三为色无色界，四为二乘，五为菩萨，上为佛。若约六即，则初理，二名字，三观行，四相似，五分证，上究竟。以要言之：世出世法，若大若小，若依若正，若善若恶，皆可以六爻作表法。有何一爻不摄一切法，有何一法不摄一切六爻哉！

佛法释乾六爻者，龙乃神通变化之物，喻佛性也。理即位中，佛性为烦恼所覆，故"勿用"。名字位中，宜参见师友，故"利见大人"。观行位中，宜精进不息，故"乾夕惕"。相似位中，不著似道法爱，故"或跃在渊"。分证位中，八相成道，利益群品，故为人所"利见"。究竟位中，不入涅槃，同流九界，故云"有悔"。此原始要终，兼性与修而言之也。若单约修德者，阳为智德，即是慧行。初心乾慧，宜以定水济之，不宜偏用。二居阴位，定慧调适，能见佛性，故云"利见大人"。三以慧性遍观诸法，四以定水善养其机，五则中道正慧证实相理，上则觅智慧相了不可得。又约通塞而言之者，初是浅慧，故不可用。上是慧过于定，故不可用。中之四爻皆是妙慧。二如开佛知见，三如示佛知见，四如悟佛知见，五如入佛知见也。

用九。见群龙无首。吉。

六十四卦，共计三百八十四爻。阴阳各半，则阳爻共有百九十二。此周公总明一切阳爻所以用九而不用七之旨也。盖七为少阳，静而不变。九为老阳，动而变阴。今若筮得乾卦，六爻皆九，则变为坤卦。不惟可知大始，亦且可作成物。而六龙不作六龙用，其变化妙无端倪矣。此如大舜荐禹于天，不以位传其子。亦如尧舜之犹病，文王之望道未见，孔子之圣仁岂敢乎？

若约佛法释者：用九，是用有变化之慧，不用七之无变化慧也。阳动即变为阴，喻妙慧必与定俱。《华严》云："智慧了境同三昧。"《大慧》云："一悟之后，稳贴贴地。"皆是此意。"群龙"者，因中三观，果上三智也。观之与智，离四句，绝百非，不可以相求，不可以识识，故"无首而吉"。

《彖》曰：大哉乾元。万物资始。乃统天。云行雨施。品物流形。

此孔子《彖传》，所以释文王之《彖辞》者也。释《彖》之法，或阐明文王言中之奥，或点示文王言外之旨，或借文王言句而自出手眼，别申妙义，事非一概。今乾坤二卦，皆是自出手眼，或亦文王言外之旨。此一节是释"元亨"二字，以显性德法尔之妙，所谓无不从此法界流也。盖乾之德不可胜言，而惟元能统之。元之德不可名状，惟于万物资始处验之。始者，对终而言。不始不足以致终，不终不足名资始。即始而终，故曰"统天"。举凡云行雨施，品物流行，莫非元之德用。所谓始则必亨者也。

大明终始。六位时成。时乘六龙以御天。

此一节，是显圣人以修合性，而自利功圆也。圣人见万物之资始。便能即始见终。知其由终有始，始终止是一理。但约时节因缘假分六位，达此六位无非一理。则位位皆具龙德，而可以御天矣。天即性德也。修德有功，性德方显，故名御天。

乾道变化。各正性命。保合太和。乃利贞。

此一节，是释"利贞"二字，以显性德本来融遍，所谓无不还归此法界也。盖一切万物既皆资始于乾元，则罔非乾道之变化。既皆乾道变化，则必各得乾道之全体大用。非是乾道少分功能，故能各正性命。物物具乾道全体，又能保合太和。物物具乾元资始大用，乃所谓"利贞"也。

首出庶物。万国咸宁。

此一节，是显圣人修德功圆，而利他自在也。

统论一传宗旨。乃孔子借释彖爻之辞，而深明性修不二之学。以乾表雄猛不可沮坏之佛性，以元亨利贞表佛性本具常乐我净之四德。佛性必常，常必备乎四德。竖穷横遍，当体绝待，故曰"大哉乾元"。试观世间万物，何一不从真常佛性建立？设无佛性，则亦无三千性相，百界千如。故举一常住佛性。而世间果报天，方便净天，实报义天，寂光大涅槃天，无不统摄之矣。依此佛性常住法身。遂有应身之云，八教之雨。能令三草二木各称种性而得生长，而圣人则于诸法实相究尽明了。所谓实相非始非终，但约究竟彻证名之为终。众生理本名之为始。知其始亦佛性，终亦佛性。不过因于迷悟时节因缘，假立六位之殊。位虽分六，位位皆龙。所谓理即佛，乃至究竟即佛。乘此即而常六之修德，以显六而常即之性德，故名"乘六龙以御天"也。此常住佛性之乾道，虽亘古亘今不变不坏，而具足一切变化功用，故能使三草二木各随其位而证佛性。既证佛性，则位位皆是法界，统一切法无有不尽，而保合太和矣。所以如来成道，首出九界之表。而刹海众生，皆得安住于佛性中也。

《象》曰：天行健。君子以自强不息。

六十四卦《大象传》，皆是约观心释。所谓无有一事一物而不会归于即心自性也。本由法性不息，所以天行常健。今法天行之健而自强不息，则以修合性矣。

潜龙勿用，阳在下也。见龙在田，德施普也。终日乾乾，反复道也。或跃在渊，进无咎也。飞龙在天，大人造也。亢龙有悔，盈不可久也。用九，天德不可为首也。

文并可知。

佛法释者：法身流转五道名曰众生，故为"潜龙"。理即法身，不可用也。具缚凡夫，能知如来秘密之藏，故"德施普"。十乘妙观，念念熏修，故"反复道"。不住相似中道法爱，故"进无咎"。八相成道，广度众生，故是"大人"之事。无住大般涅槃，亦不毕竟入于灭度。尽未来时，同流九界，故"盈不可久"。但恃性德，便废修德。全以修德而为教门，故"天德不可为首"。冯文所曰："其潜藏者，非谓有时而发用也。"即发用而常潜藏也。其在下者，非谓有时而上也。其上者不离乎下也。乾卦所谓"勿用"之"潜龙"，即《大衍》所谓"勿用"之一也。

《文言》曰：元者，善之长也。亨者，嘉之会也。利者，义之和也。贞者，事之干也。

六十四卦不出阴阳二爻。阴阳之纯，则为乾坤二卦。乾坤二义明，则一切卦义明矣。故特作《文言》一传以申畅之。此一节先明性德也。

君子体仁足以长人。嘉会足以合礼。利物足以和义。贞固足以干事。

此一节明修德也。

君子行此四德者。故曰乾，元亨利贞。

此一节结显以修合性也。非君子之妙修，何能显乾健之本性哉！

统论乾坤二义。约性则寂照之体，约修则明静之德，约因则止观之功，约果则定慧之严也。若性若修，若因若果，无非常乐我净。常乐我净之慧名一切种智，常乐我净之定名首楞严定。所以乾坤各明元亨利贞四德也。今以儒理言之，则为仁义礼智。若一往对释者：仁是常德，体无迁故。礼是乐德，具庄严故。义是我德，裁制自在故。智是净德，无昏翳故。若互摄互含者：仁礼义智性恒故常，仁礼义智以为受用故乐，仁礼义智自在满足故我，仁礼义智无杂无垢故净。又四德无杂故为仁，四德周备故为礼，四德相摄故为义，四德为一切法本故为智也。

初九曰：潜龙勿用，何谓也。子曰：龙德而隐者也。不易乎世。不成乎名。遯世无闷。不见是而无闷。乐则行之。忧则违之。确乎其不可拔。潜龙也。

约圣德释，如文可解。若约理即释者：龙德而隐，即所谓隐名如来藏也。昏迷倒惑，其理常存，故"不易乎世"。佛性之名未彰，故"不成乎名"。终日行而不自觉，枉入诸趣，然毕竟在凡不减，故"遯世无闷，不见是而无闷"。"乐则行之"，而行者亦是佛性。"忧则违之"，而违者亦是佛性。终日随缘，终日不变，故"确乎其不可拔也"。

九二曰：见龙在田，利见大人，何谓也。子曰：龙德

而正中者也。庸言之信。庸行之谨。闲邪存其诚。善世而不伐。德博而化。《易》曰：见龙在田，利见大人。君德也。

文亦可解。若约名字即佛释者。"庸言""庸行"，只是身口七支。以知法性无染污故，随顺修行尸波罗密。从此闲九界之邪，而存佛性之诚。初心一念圆解善根，已超三乘权学尘劫功德，而不自满假。故其德虽博，亦不存德博之想，以成我慢也。发心毕竟二不别，如是二心先心难。故虽名字初心，已具佛知佛见而为君德。

九三曰：君子终日乾乾，夕惕若厉无咎，何谓也。子曰：君子进德修业。忠信所以进德也。修辞立其诚，所以居业也。知至至之，可与几也。知终终之，可与存义也。是故居上位而不骄，在下位而不忧。故乾乾因其时而惕。虽危无咎矣。

忠信是存心之要，而正所以进德。修辞立诚，是进修之功，而正所以居业。此合外内之道也。可往则往是其几，可止则止是其义。进退不失其道，故上下无不宜矣。若约佛法六即释者，正观行位中圆妙功夫也。直心正念真如，名为忠信，所以进德而为正行也。随说法净，则智慧净。导利前人，化功归己，名为"修辞立诚"，所以居业而为助行也。"知至至之"是妙观，"知终终之"是妙止。止观双行，定慧具足，则能上合诸佛慈力而不骄，下合众生悲仰而不忧矣。

九四曰：或跃在渊无咎，何谓也。子曰：上下无常，非为邪也。进退无恒，非离群也。君子进德修业，欲及时也。故无咎。

此正阐明舜禹避位，仍即登位之心事也。若约佛法者，直观不思议境为上，用余九法助成为下。心心欲趋萨婆若海为进，深观六即不起上慢为退。欲及时者，欲于此生了办大事也。此身不向今生度，更向何生度此身？设不证入圆住正位，不名度二死海。

九五曰：飞龙在天，利见大人，何谓也。子曰：同声相应。同气相求。水流湿。火就燥。云从龙。风从虎。圣人作而万物睹。本乎天者亲上。本乎地者亲下。则各从其类也。

此明圣人垂衣裳而天下治，初非有意有造作也。

佛法释者：如来成正觉时，悉见一切众生成正觉。初地离异生性，入同生性，大乐欢喜，悉是此意。乃至证法身已，入普现色身三昧。在天同天，在人同人。皆所谓"利见大人"，法界六道所同仰也。

上九曰：亢龙有悔，何谓也。子曰：贵而无位。高而无民。贤人在下位而无辅。是以动而有悔也。

李衷一曰："从来说圣人无亢，却都从履'满招损'上看。夫子乃以无位、无民、无辅表之。此尧舜有天下而不与之心也。非位丧、民叛、贤人离去之谓也。动字下得妙。无停思，无贰虑。天下极重难反之局，止在圣人一反掌间。致悔之由，止在一动。处亢之术，止在一悔。"

佛法释者：法身不堕诸数，故"贵而无位"。佛果出九界表，故"高而无民"。寂光非等觉以下境界，故"贤人在下位而无辅"。是以究竟位中，必逆流而出；示同九界，还现婴儿行及病行也。

潜龙勿用，下也。见龙在田，时舍也。终日乾乾，行事也。或跃在渊，自试也。飞龙在天，上治也。亢龙有悔，穷之灾也。乾元用九，天下治也。

此以时位重释六爻之义也。用九而曰"乾元"，正显乾卦全体大用。亦显"潜""见""惕""跃""飞""亢"，皆无首而皆吉。

佛法释者：理即佛为贬之极，故"下"。名字即佛，未有功夫，故"时舍"。五品位正修观行，故"行事"。相似位拟欲证真，故"自试"。分证位八相成道，故"上治"。究竟位不住涅槃。故"穷之灾"。用九，则以修合性，故"天下治也"。

潜龙勿用，阳气潜藏。见龙在田，天下文明。终日乾乾，与时偕行。或跃在渊，乾道乃革。飞龙在天，乃位乎天德。亢龙有悔，与时偕极。乾元用九，乃见天则。

此兼约德之与时，再释六爻之义也。"与时偕极"，对"与时偕行"看，皆所谓"时乘御天"者也。"乃见天则"，则"潜而勿用"亦"天则"，乃至"亢而有悔"亦"天则"也。

佛法释者：佛性隐在众生身中，故"潜藏"。一闻佛性，则知心、佛、众生三无差别，故"天下文明"。念念与观慧相应无间，故"与时偕行"。舍凡夫性，入圣人性，故"乾道乃革"。由证三德，方坐道场，故"位乎天德"。"天德"者，天然之性德也。极则必返。证佛果者，必当同流九界。性必具修。全性起修，乃见性修不二之则。

乾元者，始而亨者也。利贞者，性情也。乾始能以美利利天下。不言所利。大矣哉。

前约仁礼义智四德，以释元亨利贞。今更申明四德一以贯之。统惟属乾，而非判然四物也。举一乾字，必具元德。举一元字，必统四德。元之大，即乾之大矣。

大哉乾乎！刚健中正，纯粹精也。六爻发挥，旁通情也。

乾具四德，而非定四，故"大"。故复以刚健等七字而深赞之。卦言其体。爻言其用。卦据其定，爻据其变。体大则用亦大。体刚健中正纯粹精，则用亦刚健中正纯粹精矣。

时乘六龙，以御天也。云行雨施，天下平也。

上明乾德体必具用，此明圣人因用以得体也。

佛法释者：此章申明性必具修，修全在性也。佛性常住之理名为乾元。无一法不从此法界而始，无一法不由此法界而建立生长，亦无有一法而不即以此法界为其性情。所以佛性常住之理，遍能出生成就百界千如之法。而实无能生所生，能利所利。以要言之，即不变而随缘，即随缘而不变。竖穷横遍，绝待难思。但可强名之曰大耳。其性雄猛物莫能坏，故名"刚"。依此性而发菩提心，能动无边生死大海，故名"健"。非有无真俗之二边，故名"中"。非断常空假之偏法，故名"正"。佛性更无少法相杂，故名"纯"。是万法之体要，故名"粹"。无有一微尘处，而非佛性之充遍贯彻者，故名"精"。所以只此佛性乾体，法尔具足六爻始终修证之相，以旁通乎十界迷悟之情。此所谓性必具修也。圣人乘此即而常六之龙，以御合于六而常即之天。自既以修合性，遂能称性起于身云施于法雨，悉使一切众生同成正觉而天下平。此所谓全修在性也。

君子以成德为行。日可见之行也。潜之为言也。隐而未见。行而未成。是以君子弗用也。

此下六爻，皆但约修德，兼约通塞言之。

佛法释者："成德为行"，谓依本自天成之性德而起行也。既全以性德为行，则狂心顿歇，歇即菩提。故为"日可见之行"也。然犹云潜者，以其虽则开悟，习漏未除。故佛性犹为虚妄烦恼所"隐而未现"。而正助二行，尚在观行相似，未成般若解脱二德。是以君子必以修德成之，而弗专用此虚解也。

君子学以聚之。问以辩之。宽以居之。仁以行之。《易》曰见龙在田，利见大人，君德也。

学问是闻慧，宽居是思慧，仁行是修慧。从三慧而入圆住，开佛知见，即名为佛。故云"君德"。

九三。重刚而不中。上不在天。下不在田。故乾乾因其时而惕。虽危无咎矣。

重刚者，自强不息，有进而无退也。不中者，不着中道而匆匆取证也。上不在天者，未登十地，入佛知见也。下不在田者，已超十住。开佛知见，因时而惕，正是不思议十行法门。遍入法界，而能行于非道，通达佛道。故"虽危无咎"。

九四。重刚而不中。上不在天。下不在田。中不在人。故或之。或之者，疑之也。故无咎。

重刚不中，亦如上说。中不在人，谓已超十行，示佛知见也。"或之"者，回事向理，回因向果，回自向他，和融法界而无所偏倚，有似乎"疑之"也。"疑"者，拟议以成变化之谓。故虽似有修证之事，而实无事也。

夫大人者。与天地合其德。与日月合其明。与四时合其序。与鬼神合其吉凶。先天而天弗违。后天而奉天时。天且弗违。而况于人乎？况于鬼神乎？

十地入佛知见。如天普覆，如地普载。如日照昼，如月照夜。如四时次序之始终万物，如鬼神吉凶之折摄群机。根本妙智，穷法界无始之始。差别妙智，建法界无时之时。理既相契弗违，则凡人与鬼神，总囿于一理者，安得不相顺而利见哉！

亢之为言也。知进而不知退。知存而不知亡。知得而不知丧。其唯圣人乎？知进退存亡而不失其正者。其唯圣人乎？

凡有慧无定者，惟知佛性之可尚，而不知法身之能流转五道也。惟知佛性之无所不在，而不知背觉合尘之不亡而亡也。惟知高谈理性之为得，而不知拨无修证之为丧也。惟圣人能知进退存亡之差别。而进亦佛性，退亦佛性。存亦佛性，亡亦佛性。进退存亡不曾增减佛性，佛性不碍进退存亡。故全性起修，全修在性，而不失其正也。若徒恃佛性，不几亢而非龙乎？又约究竟位中解者，示现成佛是知"进"，示现九界是知"退"，示现圣行梵行婴儿行是"知存"，示现病行是"知亡"。而于佛果智断无所缺减，是不失其正也。

（坤）坤上 坤下

坤，元亨。利牝马之贞。君子有攸往。先迷后得主利。西南得朋。东北丧朋。安贞吉。

六画皆阴，故名为坤。坤者，顺也。在天为阴，在地为柔，在人为仁。在性为寂，在修为止。又在器界为载，在根身为腹为脐脏。在家为妻，在国为臣。顺则所行无逆，故亦元亨。然必利牝马之贞。随顺牡马而不乱。其在君子之体坤德以修道也。必先用乾智以开圆解，然后用此坤行以卒成之。若未有智解，先修定行，则必成暗证之迷。惟随智后用之，则得主而有利。如目足并运，安稳入清凉池。亦如巧力并具，能中于百步之外也。若往西南，则但得阴之朋类。如水济水，不堪成事。若往东北，则丧其阴之朋党，而与智慧相应。方安于定慧均平之贞而吉也。

《象》曰：至哉坤元。万物资生。乃顺承天。坤厚载物。德合无疆。含弘光大。品物咸亨。牝马地类，行地无疆。柔顺利贞，君子攸行。先迷失道。后顺得常。西南得朋。乃与类行。东北丧朋，乃终有庆。安贞之吉，应地无疆。

此传详释《彖辞》。先约地道明坤四德，次明君子体坤德而应地道也。"资始"所以禀气，"资生"所以成形。由禀气故，方得成形。故名"顺承天"也。"德合无疆"，言其与天合德。"西南"，则兑离以及于巽，皆阴之类。"东北"，则震艮以至坎乾，可赖之以终吉矣。

佛法释者：以坤表多所含蓄而无积聚之如来藏性。约智名乾，约理名坤。约照名乾，约寂名坤。又可约性名乾，约修名坤。又可修中慧行名乾，行行名坤。乾坤实无先后。以喻理智一如，寂照不二。性修交彻，福慧互严。今于无先后中说先后者，由智故显理，由照故显寂，由性故起修，由慧故导福。而理与智冥，寂与照一，修与性合，福与慧融。故曰"至哉坤元万物资生乃顺承天"也。称理之行，自利利他。一行一切行，故德合于无疆之智而含弘光大也。牝马行地，虽顺而健。三昧随智慧行，所以为佛之三昧也。夫五度如盲，般若如导。若以福行为先，则佛知见未开，未免落于旁蹊曲径而失道。惟以智导行行顺于智，则智常而行亦常。故西南得朋，不过与类俱行而已。惟"东北丧朋"，则于一一行中具见佛性。而行行无非法界，当体绝待，"终有庆"矣。所以"安贞"之"吉"，定慧均平，乃可应如来藏性之无疆也。

《象》曰：地势坤。君子以厚德载物。

性德本厚，所以地势亦厚。今法地势以厚积其德，荷载群品，正以修合性之真学也。

初六。履霜坚冰至。

《象》曰：履霜坚冰，阴始凝也。驯致其道，至坚冰也。

此爻其静为姤，其变为复。姤则必至于坤，复则必至于乾。皆所谓驯致其道者也。问曰：乾坤之初爻，等耳。乾胡诫以勿用，坤胡决其必至乎？答曰：阳性动。妄动，恐其泄也。故诫之。阴性静。安静则有成也。故决之。积善积恶，皆如履霜。余庆余殃，皆如坚冰。阳亦有刚善刚恶，阴亦有柔善柔恶。不当偏作阴柔邪恶释之。《说统》云：善乾恶坤，此晋魏大谬处。《九家易》曰：霜者，乾之命。坚冰者，阴功成也。京氏曰：阴虽柔顺，气则坚刚。为无邪气也。阴中有阳，气积万象。孙闻斯曰：陨霜不杀菽，冬无冰，《春秋》皆为记异。然时霜而霜，时冰而冰。正令正道，以坚冰为至，而至之自初也。如是谓凝谓顺。冰毕竟是阴之所结，然惟阳伏于内，故阴气外冱而为冰。圣人于乾曰为冰，明是此处注脚。"驯致"二字，正表坤德之顺处。脚跟无霜，不秋而凋。面孔无血，见敌辄走。

若约佛法释者：乾之六爻，兼性修而言之。坤之六爻，皆约修德定行而言。初上二爻，表世间味禅之始终。中间四爻，表禅波罗密具四种也。二即世间净禅，而达实相。三即亦世间亦出世禅。四即出世间禅。五即非世间非出世禅。又借乾爻对释。初九有慧无定，故"勿用"，欲以养成其定。初六以定含慧，故如"履霜"。若"驯致"之，则为"坚冰"之乾德。九二中道妙慧，故"利见大人"。六二中道妙定，故"无不利"。九三慧过于定，故"惕厉而无咎"。六三定有其慧，故"含章"而"可贞"。九四慧与定俱，故"或跃"而"可进"。六四定过于慧，故"括囊"而"无誉"。九五大慧中正，故"在天"而"利见"。六五大定即慧，故"黄裳"而"元吉"。"亢"以慧有定而知悔，"战"则定无慧而道穷也。又约乾为正行，坤为助行者，坤之六爻即表六度。布施如"履霜"，驯之可致"坚冰"。冰者，乾德之象。故云"乾为冰"也。持戒则"直方大"。摄律仪故"直"，摄善法故"方"，摄众生故"大"。忍辱为"含章"，力中最故；精进如"括囊"，于法无遗失故；禅定如"黄裳"，中道妙定遍法界故；智慧如"龙战"，破烦恼贼故。

六二。直方大。不习无不利。

《象》曰：六二之动。直以方也。不习无不利。地道光也。

纯柔中正，顺之至也。顺理故直。依理而动故方。既直且方，则必大矣。此地道本具之德，非关习也。佛法释者：世间净禅即是实相，故"直方大"。正念真如为直，定之体也。善法无缺为方，定之相也。功德广博为大，定之用也。世间净禅法尔本具实相三德，能于根本禅中通达实相，故"不习而无不利"也。向净禅中，觑实相理，名之为动。动则三德之理现前，于禅开秘密藏，故"地道光"。

六三。含章可贞。或从王事。无成有终。

《象》曰：含章可贞。以时发也。或从王事。知光大也。

苏眉山曰：三有阳德。苟用其阳，则非所以为坤也。故有章而含之。有章则可以为正矣。然以其可正而遂专之，亦非所以为坤也。故从事而不造事，无成而代有终。佛法释者：亦世间亦出世禅。亦爱亦策。故含章而可贞。或从一乘无上王三昧事，则借此可发出世上上妙智而有终。不复成次第禅矣。

六四。括囊。无咎无誉。

《象》曰：括囊无咎。慎不害也。

得阴之正，而处于上卦之下，位高任重，故"括囊"以自慎焉。吴幼清曰："坤体虚而容物，囊之象也。四变为奇，塞压其上，犹括结囊之上口。人之谨闭其口而不言，亦犹是也。"苏眉山曰："咎与誉，人之所不能免也。出乎咎，必入乎誉。脱乎誉，必罹乎咎。咎所以致罪，而誉所以致疑也。甚矣，无誉之难也！"佛法释者：出世间禅切忌取证，取证则堕声闻辟支佛地。虽无生死之咎，亦无利他之誉矣。若能慎其誓愿，不取小证，则不为大乘之害也。

六五，黄裳元吉。

《象》曰：黄裳元吉。文在中也。

黄者，中色，君之德也。裳者，下饰，臣之职也。三分天下有其二，以服事殷，斯之谓乎？佛法释者：非世间非出世禅，禅即中道实相，故黄。不起灭定，现诸威仪，同流九界，故如裳。此真无上菩提法门，故"元吉"。定慧庄严，名之曰"文"。全修在性，名文在"中"。

上六。龙战于野。其血玄黄。

《象》曰：龙战于野。其道穷也。

其静为夬，其变为剥，皆有战之义焉。善极则断恶必尽，恶极则断善必尽。故穷则必战，战则必有一伤也。陈旻昭曰："此天地既已定位，而震龙欲出，故战于野也。"震为龙，为玄黄。气已盛故为血。穷乎上者必反下，故为屯卦之初爻。夫乾坤立而有君，故次之以屯。有君则有师，故次之以蒙。屯明君道。蒙明师道。乾坤即天地父母。合而言之，天地君亲师也。佛法释者：无想天灰凝五百劫而堕落。非非想天八万大劫而还作飞狸牛虫，乃至四禅无闻比丘堕阿鼻狱，皆偏用定而不知以慧济之，故至于如此之穷。

用六。利永贞。

《象》曰：用六永贞。以大终也。

此总明百九十二阴爻所以用六而不用八之旨也。八为少阴，静而不变。六为老阴，动而变阳。今筮得坤卦，六爻皆六，则变为乾卦。不惟顺承乎天，亦且为天行之健矣。佛法释者：用八如不发慧之定，用六如发慧之定。发慧之定，一切皆应久修习之。禅波罗密至佛方究竟满，故曰"大终"。

《文言》曰：坤。至柔而动也刚。至静而德方。后得主而有常。含万物而化光。坤道其顺乎？承天而时行。

此仍以地道申赞坤之德也。赞乾，则自元而亨而利而贞。赞坤，则自贞而利而亨而元。乾之始必彻终，而坤之终必彻始也。文并可知。佛法释者：即是直赞禅波罗密。以其住寂灭地，故至柔至静。以其能起神通变化，普应群机，感而遂通，故动刚德方。由般若为导而成，故后得主而有常。所谓般若常故禅亦常也。于禅中具足万行。一一妙行与智相应，导利含识，故含万物而化光。非智不禅，故坤道为顺。非禅不智，故承天时行也。

积善之家，必有余庆。积不善之家，必有余殃。臣弑其君。子弑其父。非一朝一夕之故。其所由来者渐矣。由辩之不早辩也。《易》曰履霜坚冰至。盖言顺也。

顺，即驯致其道之谓。洪化昭曰："臣而顺，必不弑君。子而顺，必不弑父。"此正所谓辩之于早者。不作慎字解。陈非白问曰："何故积善余庆积恶余殃，不发明于乾之初爻，而明于坤之初爻耶？"答曰："乾是智巧，坤是圣力。非智巧则不能知善知恶，非圣力则不能积善积恶。故曰'乾知大始坤作成物'。"佛法释者：十善为善，十恶为不善。无漏为善，有漏为不善。利他为善，自利为不善。中道为善，二边为不善。圆中为善，但中为不善。善即君父之义。不善即臣子之义以善统御不善，则不善即善之臣子。以不善妨碍于善，则善遂为不善所障。如君父之被弑矣。所以千里之行，始于一步，必宜辩之于早也。

直其正也。方其义也。君子敬以直内。义以方外。敬义立而德不孤。直方大，不习无不利，则不疑其所行也。

惟正故直。惟义故方。直方皆本具之德。而敬之一字，乃君子修道之要术也。敬即至顺。顺则必直且方，而德不孤，可谓大矣。佛法释者：正念真如，是定之内体。具一切义，而无减缺，是定之外相。既具内体外相，则必大用现前而德不孤。所以于禅开秘密藏，了了见于佛性而无疑也。

阴虽有美含之。以从王事，弗敢成也。地道也。妻道也。臣道也。地道无成，而代有终也。

文义可知。佛法释者：亦世间亦出世禅。虽即具足实相之美，但含而未发。以此为王三昧之助，弗宜偏修以至成也。盖禅定随智慧行，如地承天，如妻随夫，如臣辅君。然智慧不得禅定，则不能终其自利利他之事。故禅定能代有终也。

天地变化，草木蕃。天地闭，贤人隐。《易》曰括囊无咎无誉。盖言谨也。

能谨则可以成变化，变化则草木亦蕃。不谨则天地必闭，闭则虽贤人亦隐矣。安得不括囊哉！佛法释者：定慧变化，则三草二木各得润泽生长。若入于出世果证则灰身泯智，而无利生之事矣。故修此法门者不可以不谨也。

君子黄中通理。正位居体。美在其中。而畅于四支，发于事业。美之至也。

黄是中色，即表中德。德虽在中，而通乎腠理。故虽属正位，仍居四体。此释黄裳义也。美在其中等，重牒上义以释元吉之义。佛法释者：以黄中三昧，而通达实相之理。实相虽名正位，遍入一切诸法而居众体。盖惟深证非世间非出世上上之禅，故能畅于四支，发于事业。而三轮不思议化，普利法界。乃为美之至也。

阴疑于阳必战。为其嫌于无阳也，故称龙焉。犹未离其类也，故称血焉。夫玄黄者，天地之杂也。天玄而地黄。

夫阴阳皆本于太极，则本于体。何至相疑而战哉！阳者见之谓之阳，不知与阴同体，故疑阴而必战。阴者见之谓之阴，不知与阳同体，故亦疑阳而必战。方阴之盛而战阳，则有似乎无阳，故称龙，以明阳本未尝无焉。逮阴之动而变阳，则似离乎阴类，故称血，以明阴仍未离类焉。夫惟动而将变，故玄黄相杂耳。变定之后，天玄地黄，岂可杂哉！子韶《风草颂》云："君子何尝去小人，小人如草去还生。但令鼓舞心归化，不必区区务力争。"得此旨者，可以立消朋党之祸。不然，君子疑嫌小人，小人亦疑嫌君子，不至于两败俱伤者几希矣。佛法释者：始则误认四禅为四果，及至后阴相现，则反疑四果不受后有之说为虚，而起谤佛之心，是必战也。然世间岂无真证四果智德者耶？故称龙，以显四果之非虚焉。彼虽自谓四果，止是暗证味禅，实未离于生死之类。故称血，以定其类焉。夫玄黄者，定慧俱伤之象也。以定伤慧，慧伤而定亦伤。然此俱约修德，故言伤耳。若本有寂照之性，则玄自玄，黄自黄。虽阐提亦不能断性善，虽昏迷倒惑，其理常存。岂可得而杂哉！又观心释者，阴阳各论善恶。今且以阴为恶以阳为善。善恶无性，同一如来藏性。何疑何战？惟不达性善性恶者，则有无相倾。起轮回见而必战，战则埋没无性之妙性。似乎无阳，故称龙以显性善之不断焉。既以善恶相抗则二俱有漏，故称血以显未离生死类焉。夫善恶相倾夺者，由未达妙性体一，而徒见幻妄事相之相杂也。实则天玄地黄，性不可改。何嫌何疑，何法可相战耶？善恶不同，而同是一性。如玄黄不同，而同是眼识相分。天地不同，而同一太极。又如妍媸影像不同，而同在一镜也。若知不同而同，则决不敌对相除而成战。若知同而不同，则决应熏习无漏善种以转恶矣。

周易禅解卷二

上经之二

（屯） ䷂ 坎上 震下

屯。元亨利贞。勿用有攸往。利建侯。

乾坤始立，震一索而得男。为动，为雷。坎再索而得男。为陷，为险，为云，为雨。乃万物始生之时，出而未申之象也。始则必亨。始或不正，则终于不正矣。故元亨而利于正焉。此元亨利贞，即乾坤之元亨利贞也。乾坤全体太极，则屯亦全体太极也。而或谓乾坤二卦大，余卦小，不亦惑乎！夫世既屯矣。倘务往以求功，只益其乱。唯随地建侯，俾人人各归其主，各安其生，则天下不难平定耳。杨慈湖曰："理屯如理丝，固自有其绪。建侯，其理之绪也。"佛法释者：有一劫初成之屯，有一世初生之屯，有一事初难之屯，有一念初动之屯，初成，初生，初难，姑置弗论。一念初动之屯，今当说之。盖乾坤二卦，表妙明明妙之性觉。性觉必明。妄为明觉，所谓真如不守自性。无明初动，动则必至因明立所而生妄能。成异立同，纷然难起，故名为屯。然不因妄动，何有修德？故曰：无明动而种智生，妄想兴而涅槃现。此所以元亨而利贞也。但一念初生，既为流转根本，故"勿用有所往"。有所往，则是顺无明而背法性矣。惟利即于此处用智慧深观察之，名为建侯。若以智慧观察。则知念无生相。而当下得太平矣。观心妙诀，孰过于此！

《彖》曰：屯。刚柔始交而难生。动乎险中。大亨贞。雷雨之动满盈。天造草昧。宜建侯而不宁。

乾坤立而刚柔交，一索得震为雷，再索得坎为雨。非难生乎？由动故大亨。由在险中故宜贞。夫雷雨之动，本天地所以生成万物。然方其盈满交作时，则天运尚自草乱昧瞑。诸侯之建，本圣王所以安抚万民。然方其初建，又岂可遽谓宁贴哉！佛法释者：无明初动为刚，因明立所为柔。既有能所，便为三种相续之因。是难生也。然此一念妄动，既是流转初门，又即还灭关窍，惟视其所动何如耳。当此际也，三细方生，六粗顿具，故为雷雨满盈天造草昧之象。宜急以妙观察智重重推简，不可坐在灭相无明窠臼之中。盖凡做功夫人，若见杂念暂时不起，便妄认为得力，不知灭是生之窟宅。故不可守此境界，还须推破之也。

《象》曰：云雷屯。君子以经纶。

在器界，则有云雷以生草木。在君子，则有经纶以自新新民。约新民论经纶，古人言之详矣。约自新论经纶者：竖观此心不在过现未来，出入无时，名为经。横观此心不在内外中间，莫知其乡，名为纶也。佛法释者：迷于妙明明妙真性，一念无明动相即为雷，所现晦昧境界之相即为云。从此便有三种相续，名之为屯。然善修圆顿止观者，只须就路还家。当知一念动相即了因智慧性，其境界相即缘因福德性。于此缘了二因，竖论三止三观名经，横论十界百界千如名纶也。此是第一观不思议境。

初九。磐桓。利居贞。利建侯。

有君德而无君位，故磐桓而利居贞。其德既盛，可为民牧，故利建侯以济屯也。佛法释者：一念初动。一动便觉。不随动转。名为磐桓。所谓不远之复，乃善于修证者也。由其正慧为主，故如顿悟法门。

《象》曰：虽磐桓，志行正也。以贵下贱，大得民也。

磐桓不进，似无意于救世。然斯世决非强往求功者所能救，则居贞乃所以行正耳。世之屯也，由上下之情隔绝。今能以贵下贱，故虽不希望为侯，而大得民心，不得不建之矣。佛法释者：不随生死流，乃其随顺法性流而行于正者也。虽复顿悟法性之贵，又能不废事功之贱。所谓以中道妙观遍入因缘事境，故正助法门并得成就，而大得民。

六二。屯如邅如。乘马班如。匪寇婚媾。女子贞不字。十年乃字。

柔德中正，上应九五，乃乘初九得民之侯，故邅如班如而不能进也。初本非寇，而二视之则以为寇矣。吾岂与寇为婚媾哉！宁守贞而不字，至于十年之久，乃能字于正应耳。吴幼清曰："二三四在坤为数十。过坤十数，则逢五正应而许嫁矣。"佛法释者：此如从次第禅门修证功夫。盖以六居二，本是中正定法。但不能顿超，必备历观练熏修诸禅方见佛性，故为十年乃字。

《象》曰：六二之难，乘刚也。十年乃字，反常也。

乘刚故自成难，非初九难之也。数穷时极，乃反于常。明其不失女子之贞。

佛法释者：乘刚即是烦恼障重，故非次第深修诸禅，不足以断惑而反归法性之常。

六三。即鹿无虞。惟入于林中。君子几。不如舍。往吝。

欲取天下，须得贤才。譬如逐鹿须借虞人。六三自既不中不正，又无应与。以此济屯，屯不可济，徒取羞耳。

佛法释者：欲修禅定，须假智慧。自无正智，又无明师良友。瞎炼盲修，则堕坑落堑不待言矣。君子知几，宁舍蒲团之功，访求知识为妙。若自信自恃，一味盲往，必为无闻比丘，反招堕落之吝。

《象》曰：即鹿无虞，以从禽也。君子舍之，往吝穷也。

尧舜揖让，固是有天下而不与。汤武征诛，亦是万不得已。为救斯民，非富天下。今六三不中不正，居下之上。假言济屯，实贪富贵，故曰以从禽也。从禽已非圣贤安世之心，况无应与，安得不吝且穷哉！

佛法释者：贪着味禅，名为从禽。本无菩提大志愿故。

六四。乘马班如。求婚媾往。吉无不利。

柔而得正。居坎之下，近于九五。进退不能自决，故乘马而班如也。夫五虽君位，不能以贵下贱，方屯其膏。初九得民于下，实我正应。奈何不急往乎？故以吉无不利策之。

佛法释者：六四正而不中，以此定法而修，则其路迂远难进。惟求初九之明师良友以往，则吉无不利矣。

《象》曰：求而往，明也。

佛法释者：不恃禅定功夫，而求智慧师友。此真有决择之明者也。

九五。屯其膏。小贞吉。大贞凶。

屯难之世，惟以贵下贱，乃能得民。今尊居正位，专应六二，膏泽何由普及乎？夫小者患不贞一，大者患不广博。故在二则吉，在五则凶也。

佛法释者：中正之慧固可断惑。由其早取正位，则堕声闻辟支佛地，所以四弘膏泽不复能下于民。在小乘则速出生死而吉，在大乘则违远菩提而凶。

《象》曰：屯其膏。施未光也。

非无小施，特不合于大道耳。

上六。乘马班如。泣血涟如。

以阴居阴，处险之上，当屯之终。三非其应，五不足归。而初九又甚相远，进退无据，将安归哉！

佛法释者：一味修于禅定，而无慧以济之，虽高居三界之顶，不免穷空轮转之殃，决不能断惑出生死，故乘马班如。八万大劫，仍落空亡，故泣血涟如。

《象》曰：泣血涟如。何可长也。

佛法释者：八万大劫，究竟亦是无常。

（蒙） ䷃ 艮上 坎下

蒙，亨。匪我求童蒙。童蒙求我。初筮告。再三渎。渎则不告。利贞。

再索得坎，既为险为水。三索得艮，复为止为山。遇险而止，水涵于山，皆蒙昧未开发之象也。蒙虽有蔽于物，物岂能蔽性哉？故亨。但发蒙之道，不可以我求蒙，必待童蒙求我。求者诚，则告之必达。求者渎，则告者亦渎矣。渎岂发蒙之正耶？不愤不启，不悱不发。孔子真善于训蒙者也。

佛法释者：夫心不动则已，动必有险，遇险必止，止则有反本还源之机。蒙所以有亨道也。蒙而欲亨，须赖明师良友。故凡为师友者，虽念念以教育成就为怀。然须待其求我，方成机感。又必初筮则告，方显法之尊重。其所以告之者，又必契理契机而贞，然后可使人人为圣为佛矣。

《彖》曰：蒙。山下有险。险而止，蒙。蒙亨，以亨行时中也。匪我求童蒙。童蒙求我。志应也。初筮告，以刚中也。再三渎。渎则不告。渎蒙也。蒙以养正。圣功也。

山下有险，即是遇。险而止，故名为蒙。蒙之所以可亨者，由有能亨人之师，善以时中行教故也。虽有善教，必待童蒙求我者，彼有感通之志然后可应，如水清方可印月也。初筮即告者，以刚而得中。故应不失机也。渎则不告者，非是恐其渎我，正恐渎蒙而有损无益也。及其蒙时，即以正道养之。此圣人教化之功，令彼亦得成圣者也。

《象》曰：山下出泉，蒙。君子以果行育德。

溪涧不能留，故为果行之象。盈科而后进，故为育德之象。自既果行育德，便可为师作范矣。

佛法释者：此依不思议境而发真正菩提心也。菩提之心不可沮坏，如泉之必行。四弘广被，如泉之润物。

初六。发蒙。利用刑人。用说桎梏。以往吝。

以九二上九二阳为师道，以余四阴爻为弟子。初六以阴居下，厥蒙虽甚，而居阳位。又近九二，故有可发之机。夫蒙昧既甚，须用折伏法门，故利用刑人。所谓扑作教刑也。然既说桎梏之后，当羞愧惩艾而不出。若遽有所往，则吝矣。

《象》曰：利用刑人。以正法也。

以正法而扑作教刑，岂瞋打之谓哉？

九二。包蒙吉。纳妇吉。子克家。

以九居二，知及之，仁能守之，师之德也。苏眉山曰："童蒙若无能为，然容之则足为助，拒之则所丧多矣。"明不可以无蒙，犹子不可以无妇。子而无妇，不能家矣。

佛法释者：定慧平等，自利已成，故可以包容覆育群蒙而吉。以此教授群蒙修行妙定，名纳妇吉。定能生慧，慧能绍隆佛种，为子克家。妇是定，子是慧也。

《象》曰：子克家。刚柔接也。

明纳妇而云子克家者，以定必发慧。慧必与定平等，而非偏也。

六三。勿用取女。见金夫。不有躬。无攸利。

以阴居阳，不中不正，乃驳杂之质。宜从上九正应处，求其击蒙之大钳锤，方可治病。今贪九二之包容慈摄，殆如女见金夫而失节者乎？

佛法释者：不中不正，则定慧俱劣。而居阳位，又是好弄小聪明者。且在坎体之上，机械已深。若使更修禅定，必于禅中发起利使邪见。利使一发，则善根断尽矣。

《象》曰：勿用取女。行不顺也。

行不顺，故须恶辣锤以煅炼之，不可使其修定。

六四。困蒙吝。

阴爻皆蒙象也。初可发，三可击，五可包。惟四绝无明师良友，则终于蒙而已。可耻孰甚焉。

《象》曰：困蒙之吝。独远实也。

非实德之师友远我，我自独远于师友耳。师友且奈之何哉？

六五。童蒙吉。

以六居五，虽大人而不失其赤子之心，故为童蒙而吉。盖上亲上九之严师，下应九二之良友故也。苏眉山曰："六五之位尊矣。恐其不安于童蒙之分，而自强于明。故教之曰童蒙吉。"

《象》曰：童蒙之吉。顺以巽也。

学道之法，顺则能入。设行不顺，则入道无从矣。

上九。击蒙。不利为寇。利御寇。

阳居阴位，刚而不过。能以定慧之力，击破蒙昧之关者也。然训蒙之道，原无实法系缀于人。所谓但有去翳法，别无与明法。若欲以我法授设，则是为寇。若应病与药，为其解粘去缚，则是御寇也。

《象》曰：利用御寇。上下顺也。

无实法系缀于人，则三根普接，契理契机。故上下皆顺。

（需）䷄ 坎上
乾下

需，有孚。光亨贞吉。利涉大川。

养蒙之法，不可欲速，类彼助苗。故必需其时节因缘。时节若到，其理自彰。但贵因真果正，故有孚则光亨而贞吉也。始虽云需，究竟能度生死大川，登于大般涅槃彼岸矣。

《彖》曰：需，须也。险在前也。刚健而不陷。其义不困穷矣。需有孚光亨贞吉。位乎天位。以正中也。利涉大川。往有功也。

险在前而知须，乃是刚健之德，不妄动以自陷耳，坎何尝拒乾哉！且坎得乾之中爻，与乾合德。今九五位乎天位，素与乾孚。则乾之利涉，往必有功，可无疑矣。

佛法释者：譬如五百由旬险难恶道，名险在前。智慧之力不被烦恼所陷，故终能度脱而不困穷。坎中一阳，本即乾体。喻烦恼险道之性本如来藏，以此不生不灭之性为本修因，则从始至终，无非称性天行之位。从正因性，中中流入萨婆若海。故利涉大川，从凡至圣而有功也。

《象》曰：云上于天，需。君子以饮食宴乐。

果行育德之后，更无余事。但饮食宴乐，任夫云行雨施而已。

佛法释者：助道行行为饮，正道慧行为食，以称性所起缘了二因庄严一性，如云上于天之象。全性起修，全修在性，不借劬劳肯綮修证，故名宴乐。此是善巧安心止观。止观不二，如饮食调适。

初九。需于郊。利用恒。无咎。

温陵郭氏云：此如颜子之需。

佛法释者：理即位中，不足以言需。名字位中。且宜恒以闻熏之力资其慧性，未与烦恼魔军相战也。

《象》曰：需于郊。不犯难行也。利用恒无咎。未失常也。

九二。需于沙。小有言。终吉。

郭氏云：此如孔子之需。

佛法释者：观行位中，既已伏惑，则魔军动矣。故小有言。

《象》曰：需于沙。衍在中也。虽小有言。以吉终也。

九三。需于泥。致寇至。

郭氏云：此如周公之需。

佛法释者：相似位中，将渡生死大河。故有以致魔军之来而后降之。

《象》曰：需于泥。灾在外也。自我致寇。敬慎不败也。

灾既在外，故主人不迷，客不得便。但以愿力使其来战，以显降魔成道之力。而三观之功，敬而且慎，决无败也。

六四。需于血。出自穴。

郭氏云：此如文王之需。

佛法释者：魔军败衄，超然从三界穴出而成正觉矣。

《象》曰：需于血。顺以听也。

未尝用力降魔，止是慈心三昧之力，魔军自退，而菩提自成耳。

九五。需于酒食。贞吉。

郭氏云：此如帝尧馆甥之需。

佛法释者：魔界如即佛界如，惟以定慧力庄严而度众生。故为需于酒食。

《象》曰：酒食贞吉。以中正也。

上六。入于穴。有不速之客三人来。敬之，终吉。

郭氏曰：此如仁杰之结交五虎。

佛法释者：不惟入佛境界，亦可入魔境界。还来三界，广度众生。观三界依正因果诸法，无不现现成成即是一心三观。故常为三界不请之友，而三界众生有敬之者必终吉也。

《象》曰：不速之客来，敬之终吉。虽不当位。未大失也。

既同流三界。虽不当佛祖之位。而随类可以度生。设众生有不知而不敬者。亦与远作得度因缘，而未大失也。

（讼） ䷅ 乾上 坎下

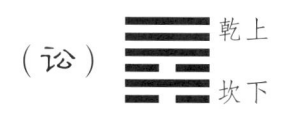

讼，有孚窒。惕中吉，终凶。利见大人。不利涉大川。

天在上而水就下。上下之情不通，所以成讼。然坎本得乾中爻以为体，则迹虽违，而性未尝非一也。惕中则复性而吉，终讼则违性而凶。利见大人，所以复性也。不利涉大川，诫其逐流而违性也。

佛法释者：夫善养蒙之道，以圆顿止观需之而已。若烦恼习强，不能无自讼之功。讼者，忏悔克责，改过迁善之谓也。有信心而被烦恼恶业所障窒，当以惭愧自惕其中而吉。若悔之不已，无善方便，则成悔盖而终凶。宜见大人以决择开发断除疑悔，不利涉于烦恼生死大川而终致陷没也。

《彖》曰：讼。上刚下险。险而健，讼。讼有孚窒惕中吉，刚来而得中也。终凶，讼不可成也。利见大人，尚中正也。不利涉大川，入于渊也。

刚而无险，则不必自讼。险而无刚，则不能自讼。今处烦恼险恶窟中，而慧性勇健，所以有自讼改过之心也。所谓有孚窒惕中吉者，以刚德来复于无过之体。仅取灭罪即止，不过悔以成盖也。所谓终凶者，悔箭入心，则成大失。故不可使其成也。所谓利见大人者，中正之德，有以决疑，而出罪也。所谓不利涉大川者，心垢未净，而入生死海中，必至堕落而不出也。约观心者，修慧行名见大人，修禅定名涉大川。需约无过之人，故可习定。讼约有过之人，习定则发魔事也。

《象》曰：天与水违行，讼。君子以作事谋始。

天亦太极，水亦太极，性本无违。天一生水，亦未尝违。而今随虚妄相，则一上一下，其行相违。所谓意欲洁而偏染者也。只因介尔一念不能慎始，致使从性所起烦恼，其习渐强而违于性。故君子必慎其独。谨于一事一念之始，而不使其滋延难治。夫是之谓善于自讼者也。

佛法释者：是破法遍。谓四性简责，知本无生。

初六。不永所事。小有言。终吉。

大凡善贵刚进，恶宜柔退。初六柔退，故为恶未成。改悔亦易，不过小有言而已。此如佛法中作法忏也。

《象》曰：不永所事。讼不可长也。虽小有言，其辩明也。

九二。不克讼。归而逋。其邑人三百户。无眚。

刚而不正，不能自克以至于讼。然犯过既重，何能无损？但可逋逃，处于卑约，庶免灾耳。此如佛法中，比丘犯戒，退作与学沙弥者也。

《象》曰：不克讼，归逋窜也。自下讼上，患至掇也。

佛法释者：自既犯戒而居下流，欲以小小忏悔而复上位，罪必不灭，且乱法门矣。

六三。食旧德。贞厉终吉。或从王事，无成。

六三阴柔，不敢为恶。但谨守常规，小心翼翼。故得终吉。然是硁硁之士，恐不足以成大事也。

《象》曰：食旧德。从上吉也。

自立则不能，附人则仍吉。所谓倚松之葛，上耸千寻也。

佛法释者：虽非大乘法门，若开权显实，则彼所行亦即是菩萨道。故必从上乘圆顿之解方吉。

九四。不克讼。复即命。渝安贞，吉。

九四亦是不正之刚，故不能自克以至于讼。然居乾体，则改悔力强。故能复归无过。而悟性命渊微之体，是则反常合道。犹佛法中因取相忏而悟无生者也。

《象》曰：复即命，渝安贞。不失也。

九五。讼元吉。

刚健中正，有不善未尝不知，知之未尝复行。乃至小罪，恒怀大惧而不敢犯，大善而吉之道也。佛法则性业遮业，三千八万，无不清净者矣。

《象》曰：讼元吉。以中正也。

上九。或锡之鞶带。终朝三褫之。

过极之刚，不中不正。数数犯过，数数改悔。就改悔处，薄有惭愧之衣，犹如鞶带。就屡犯处，更无一日清净，犹如三褫也。

《象》曰：以讼受服。亦不足敬也。

有过而改，名为惭愧，已不若无过之足敬矣，又何必至三褫而后为耻哉！此甚诫人不可辄犯过也。

（师）䷆ 坤上 坎下

师，贞。丈人吉。无咎。

夫能自讼，则不至于相讼矣。相讼而不得其平则乱，乱则必至于用师，势之不得不然，亦拨乱之正道也。但兵凶战危，非老成有德之丈人何以行之。

佛法释者：蒙而无过，则需以养之。蒙而有过，则讼以改之。但众生烦恼过患无量，故对破法门亦复无量。无量对破之法名之为师，亦必以正治邪也。然须深知药病因缘，应病与药。犹如老将，善知方略，善知通塞，方可吉而无咎。不然，法不逗机，药不治病，未有不反为害者也。

《彖》曰：师，众也。贞，正也。能以众正。可以王矣。刚中而应。行险而顺。以此毒天下，而民从之。吉，又何咎矣。

用众以正。谓六五专任九二为将，统御群阴。此王者之道也。兵者不得已而用之，犹药治病。故名为毒天下。

佛法释者：师是众多法门，贞是出世正印也。能以众多法门正无量邪惑，则自利利他，可以为法王而统治法界矣。刚中则定慧庄严，随感而应。虽行于生死险道，而未尝不顺涅槃。以此圆顿妙药，如毒鼓①毒乳，毒于天下，而九界之民皆悉从之。吉，又何咎矣？

《象》曰：地中有水，师。君子以容民畜众。

地中有水，水载地也。君子之德犹如水，故能容阴民而畜坤众。容民即所以畜众，未有戕民以养兵者也。为君将者奈何弗深

---

① 应为"敔"。

思哉？

佛法释者：一切诸法中，悉有安乐性，亦悉具对治法。如地中有水之象。故君子了知八万四千尘劳门，即是八万四千法门。而不执一法，不废一法也。此是善识通塞，如抚之则即民即兵，失之则为贼为寇。

初六。师出以律。否臧凶。

《大司马》：九伐之法名之为律。师出苟不以律，纵令侥幸成功，然其利近，其祸远；其获小，其丧大。故凶。孟子所谓"一战胜齐遂有南阳然且不可也"。

佛法释者：初机对治之法，无过大小乘律。若违律制，则身口意皆悉不善而凶矣。

《象》曰：师出以律。失律凶也。

九二。在师中，吉。无咎。王三锡命。

以大将才德，膺贤主专任，故但有吉而无咎也。陈旻昭曰：九二以一阳，而五阴皆为所用，不几为权臣乎？故曰在师中吉，以见在朝则不可也。

佛法释者：有定之慧，遍用一切法门自治治他。故吉且无咎，而法王授记之矣。

《象》曰：在师中吉，承天宠也。王三锡命，怀万邦也。

自古未有无主于内，而大将能立功于外者。九二之吉，承六五之宠故也。为天下得人者谓之仁，故三锡命于贤将，即所以怀万邦。

佛法释者：承天行而为圣行梵行等，所谓一心中五行。故为法王所宠，而授记，以广化万邦也。

六三。师或舆尸。凶。

不中不正，才弱志刚。每战必败，不言可知。

佛法释者：不知四悉因缘，而妄用对治，反致损伤自他慧命。

《象》曰：师或舆尸。大无功也。

六四。师左次。无咎。

虽柔弱而得正，不敢行险侥幸以自取败，故无咎也。

佛法释者：此如宜律师，不敢妄号大乘。

《象》曰：左次无咎。未失常也。

六五。田有禽。利执言。无咎。长子帅师。弟子舆尸。贞凶。

柔中之主。当此用师之时，仗义执言以讨有罪，固无过也。但恐其多疑，而不专任九二之长子。故诫以弟子舆尸，虽正亦凶。

佛法释者：田中有禽，妨害良禾。喻心有烦恼，妨害道芽也。利执言者，宜看经教以照了之也。然看经之法，依义不依语，依了义不依不了义，依智不依识。若能深求经中义理，随文入观，则如长子帅师。若但著文字，不依实义，则如弟子舆尸，虽贞亦凶。此如今时教家。

《象》曰：长子帅师，以中行也。弟子舆尸，使不当也。

上六。大君有命。开国承家。小人勿用。

方师之始，即以失律凶为诫矣。今师终定功，又诫小人勿用。夫小人必侥幸以取功者耳。苏氏云："圣人用师，其始不求苟胜，故其终可以正功。"

佛法释者：正当用对治时。或顺治，或逆治。于通起塞，即塞成通，事非一概。今对治功毕，入第一义悉檀，将欲开国承家。设大小两乘教法以化众生，只用善法，不用恶法。倘不简邪存正，简爱见而示三印一印，则佛法与外道几无辨矣。

《象》曰：大君有命，以正功也。小人勿用，必乱邦也。

（比）坎上 坤下

比，吉。原筮元永贞，无咎。不宁方来。后夫凶。

用师既毕，践天位而天下归之，名比。比未有不吉者也。然圣人用师之初心，但为救民于水火，非贪天下之富贵。今功成众服，原须细自筮审。果与元初心相合而永贞，乃无咎耳。夫如是，则万国归化，而不宁方来。彼负固不服者，但自取其凶矣。

佛法释者：善用对破法门，则成佛作祖，九界归依，名比。又观心释者，既知对破通塞，要须道品调适。七科三十七品相属相连名比，仍须观所修行，要与不生不灭本性相应，名原筮元永贞无咎。所谓圆四念处，全修在性者也。一切正勤根力等，无不次第相从，名不宁方来。一切爱见烦恼不顺正法门者，则永被摧坏而凶矣。

《彖》曰：比，吉也。比，辅也。下顺从也。原筮元永贞无咎，以刚中也。不宁方来，上下应也。后夫凶，其道穷也。

比则必吉，故非衍文。余皆可知。

佛法释者：约人，则九界为下，顺从佛界为辅。约法，则行行为下，顺从慧行为辅。刚中，故能全性起修全修在性。上下应者。约人，则十界同禀道化。约法，则七科皆会圆慧也。其道穷者。约人，则魔外不顺佛化而堕落。约法，则爱见不顺正法而被简也。

《象》曰：地上有水，比。先王以建万国亲诸侯。

建万国亲诸侯，即所谓开国承家者也。

佛法释者：地如境谛，水如观慧。地如寂光，水如三土差别。皆比之象也。约化他，则建三土刹网，令诸菩萨转相传化。约观心，则立阴界入等一切境以为发起观慧之地。观慧名诸侯也。此是道品调适，谓七科三十七品相比无间。

初六。有孚比之，无咎。有孚盈缶。终来有他吉。

柔顺之民，率先归附，有孚而无咎矣。下贱之位，虽如缶器，而居阳位，有君子之德焉。故为有孚盈缶。将来必得征庸，有他吉也。约佛法者。初六如人道，六二如欲天，六三如魔天，六四如禅天，九五如佛为法王，上六如无想及非非想天。今人道易趣菩提，故有他吉。约观心者。初六如藏教法门，六二如通教法门，六三如爱见法门，六四如别教法门，九五如圆教真正法门，上六如拨无因果邪空法门。今藏教正因缘境，开之即是妙谛，故有他吉。

《象》曰：比之初六。有他吉也。

六二。比之自内，贞吉。

柔顺中正之臣。上应阳刚中正之君，中心比之，故正而吉也。

佛法释者：欲天有福，亦复有慧，但须内修深定。又通教界内巧度，与圆教全事即理相同。但须以内通外。

《象》曰：比之自内。不自失也。

六三。比之匪人。

不中不正，居下之上，又无阳刚师友以谏诤之，故曰比之匪人。

佛法释者：魔波旬无一念之善，又爱见决不与佛法相应。

《象》曰：比之匪人。不亦伤乎？

六四。外比之。贞吉。

柔而得正，近于圣君，吉之道也。但非其应，故名外比，诫之以贞。

佛法释者：色界具诸禅定，但须发菩提心，外修一切差别智门。又别教为界外拙度，宜以圆融正观接之。

《象》曰：外比于贤。以从上也。

九五既有贤德，又居君位。四外比之，理所当然，亦分所当然矣。

九五。显比。王用三驱。失前禽。邑人不诫。吉。

阳刚中正，为天下之共主，故名显比。而圣人初无意于要结人心也，如成汤于四面之网解其三面，任彼禽兽驱走。虽失前禽，邑人亦知王意而不警诫。此所谓有天下而不与，吉之道也。

佛法释者：法王出世，如杲日当空，名显比。三轮施化，又初中后三语诱度，又令种熟脱三世得益。名王用三驱，于无缘人善用大舍三昧。即诸佛弟子，亦不强化无缘之人。名失前禽邑人不诫。观心释者，实慧开发，如赫日丽天，名显比。一心三观，又转接会前三教，名王用三驱。觉意三昧，随起随观。不怕念起，只怕觉迟。一觉则归于正念，不以前念之非介怀，名失前禽邑人不诫。

《象》曰：显比之吉，位正中也。舍逆取顺，失前禽也。邑人不诫，上使中也。

上六。比之无首。凶。

阴柔无德，反据圣主之上，众叛亲离，不足以为人首矣。

佛法释者：穷空轮转，不能见佛闻法。假饶八万劫，不免落空亡。观心释者，豁达空，拨因果，自谓毗卢顶上行。悟得威音王那畔又那畔，实不与真实宗乘相应。业识茫茫，无本可据。生死到来，便如落汤螃蟹也。

《象》曰：比之无首。无所终也。

从屯至此六卦，皆有坎焉。坎得乾之中爻，盖中道妙慧也。其德为陷为险。夫烦恼大海，与萨婆若海，岂真有二性哉？且从古及今，无不生于忧患，死于安乐。故四谛以苦居初，佛称八苦为师。苦则悚惕而不安。悚惕不安，则烦恼海动，而种智现前矣。圣人《序卦》之旨，不亦甚深也与！

（小畜）☰ 巽上
　　　　乾下

小畜，亨。密云不雨。自我西郊。

畜，阻滞也。又读如蓄，养也。遇阻滞之境，不怨不尤，惟自养以消之，故亨。然不可求速效也。约世法，则如垂衣裳而天下治，有苗弗格。约佛法，则如大集会中魔王未顺。约观心，则如道品调适之后，无始事障偏强。阻滞观慧，不能克证。然圣人御世，不忌顽民。如来化度，不嫌魔侣。观心胜进，岂畏风障？譬诸拳石，不碍车轮。又譬钟击则鸣，刀磨则利。猪揩金山，益其光彩。霜雪相加，松柏增秀，故亨也。然当此时虽不足畏，亦不可轻于取功。须如密云不雨自我西郊，直俟阴阳之和而后雨耳。盖凡云起于东者易雨，起于西者难雨。今不贵取功之易，而贵奏效之迟也。杨慈湖曰：畜有包畜之义，故云畜君何尤。此卦六四以柔得近君之位，而上下诸阳皆应之。是以小畜大，以臣畜君，故曰小畜。其理亦通。其六爻皆约臣畜君，说亦妙。陈旻昭曰：小畜者，以臣畜君。如文王之畜纣也。亨者，冀纣改过自新，望之之辞也。密云不雨自我西郊者，言只因自我西郊故不能雨。怨己之德不能格君，乃自责之辞。犹所云，臣罪当诛，天王圣明也。六四则是出羑里时，九五则是三分天下有二以服事殷之时，上九则是武王伐纣之时。故施已行而既雨。然以臣伐君，冒万古不韪之名。故曰君子征凶。

《彖》曰：小畜。柔得位，而上下应之，曰小畜。健而巽。刚中而志行。乃亨。密云不雨，尚往也。自我西郊，施未行也。

既畜矣，而云小者，以在我之柔德既正，又有上下之刚应之。所以一切外难不足扰我镇定刚决之德，反借此以小自养也。健则无物欲之邪，巽则无躁动之失。刚中则慧与定俱，故其志得行而亨也。云虽密而尚往，则修德不妨益进。自西郊而施未行，则取效不可欲速。

《象》曰：风行天上，小畜。君子以懿文德。

鼓万物者莫妙于风。懿文德，犹所谓远人不服，则修文德以来之。舞干羽于两阶而有苗格，即是其验。故曰君子之德风也。观心，则遍用事六度等对治助开，名懿文德。

初九。复自道。何其咎。吉。

《象》曰：复自道。其义吉也。

九二。牵复，吉。

《象》曰：牵复在中。亦不自失也。

九三。舆说辐。夫妻反目。

《象》曰：夫妻反目。不能正室也。

六四。有孚。血去惕出，无咎。

《象》曰：有孚惕出。上合志也。

九五。有孚挛如。富以其邻。

《象》曰：有孚挛如。不独富也。

上九。既雨既处。尚德载。妇贞厉。月几望。君子征凶。

《象》曰：既雨既处，德积载也。君子征凶，有所疑也。

时当小畜，六爻皆有修文德以来远人之任者也。初九刚而得正，克己复礼，天下归之，故吉。九二刚中，与初同复，故亦得吉。九三过刚不中，恃力服人，人偏不服。故舆说辐而不能行。尚不可以齐家，况可服远人乎？六四柔而得正，能用上贤以成其功，故惕出而无咎。九五阳刚中正，化被无疆，故能富以其邻。上九刚而不过，又居小畜之终，如密云之久而既雨，远近皆得安处太平。此乃懿尚文德，至于积满，故能如此。然在彼臣妇，宜守贞而时时自危，不可恃君有优容之德而失其分。世道至此，如月几望，可谓圆满无缺矣。其在君子，更不宜穷兵黩武以取凶也。

○佛法观心释者，修正道时，或有事障力强，须用对治助开。虽用助开，仍以正道观慧为主。初九正智力强，故事障不能为害，而复自道。九二定慧得中，故能化彼事障反为我助而不自失。九三恃其乾慧，故为事障所碍，而定慧两伤。六四善用正定以发巧慧，故血去而惕出。九五中正妙慧，体障即德，故能富以其邻。上九定慧平等，故事障释然解脱，如既雨既处而修德有功。夫事障因对助而排脱，必有一番轻安境界现前，名之为妇。而此轻安不可味著，味著则生上慢。自谓上同极圣，为月几望。若信此以往，则反成大妄语之凶矣。可不戒乎！

（履）☰ 乾上
　　　 ☱ 兑下

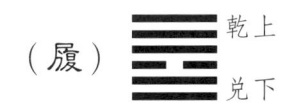

履虎尾。不咥人亨。

约世道则顽民既格，上下定而为履。以说应乾，故不咥人。约佛法，则魔王归顺，化道行而可履。以慈摄暴，故不咥人。约观心，则对治之后，须明识次位，而成真造实履。观心即佛，如履虎尾。不起上慢，如不咥人亨也。

《彖》曰：履，柔履刚也。说而应乎乾。是以履虎尾不咥人亨。刚中正。履帝位而不疚。光明也。

履之道莫善于柔。柔能胜刚，弱能胜强。故善履者，虽履虎尾，亦不咥人。不善履者，虽履平地，犹伤其足。此卦以说应乾。说即柔顺之谓。臣有柔顺之德，乃能使彼刚健之主，中正光明，履帝位而不疚。否则不免于夬履贞厉矣。

佛法释者：以定发慧，以修合性，以始觉而欲上契本觉。以凡学圣，皆名为柔履刚。得法喜名说，悟理性名应乾不起上慢。进趣正位，则能以修合性。处于法王尊位如九五也。

《象》曰：上天下泽履。君子以辩上下，定民志。

佛法释者：深知即而常六，道不浪阶，是为辩上下定民志。

初九。素履。往无咎。

《象》曰：素履之往。独行愿也。

此如伯夷叔齐之履。

佛法释者：以正慧力，深知无位次之位次。以此而往，则不起上慢矣。

九二。履道坦坦。幽人贞吉。

《象》曰：幽人贞吉。中不自乱也。

此如柳下惠蘧伯玉之履。

佛法释者：中道定慧，进趣佛果，而不自满足。潜修密证，不求人知。故吉。

六三。眇能视。跛能履。履虎尾。咥人凶。武人为于大君。

《象》曰：眇能视，不足以有明也。跛能履，不足以与行也。咥人之凶，位不当也。武人为于大君，志刚也。

此如项羽董卓之履。

佛法释者：知性德而不知修德，如眇其一目。尚慧行而不尚行行，如跛其一足。自谓能视，而实不见正法身也。自谓能履，而实不能到彼岸也。高谈佛性，反被佛性二字所害。本是卤莽武人，妄称祖师，其不至于堕地狱者鲜矣。

问：六三为悦之主。《象辞》赞其应乾而亨，爻胡贬之甚也？答：《象》约兑之全体而言，爻约六三不与初二相合，自信自任而言。

九四。履虎尾。愬愬终吉。

《象》曰：愬愬终吉。志行也。

此如周公吐握勤劳之履。

佛法释者：定慧相济。虽未即证中道，然有进而无退矣。

九五。夬履贞厉。

《象》曰：夬履贞厉。位正当也。

此如汤武反身之履。亦如尧舜危微允执之履。或云：此是诫辞，恐其为汉武也。须虚心以应柔悦之臣，乃不疚而光明耳。

佛法释者：刚健中正，决定证于佛性，从此增道损生。出没化物，不取涅槃以自安稳矣。

上九。视履考祥。其旋元吉。

《象》曰：元吉在上。大有庆也。

此如尧舜既荐舜禹于天。舜禹摄政，尧舜端拱无为之履。

佛法释者：果彻因源，万善圆满。复吾本有之性，称吾发觉初心。故大吉也。

周易禅解卷三

上经之三

（泰） ䷊ 坤上
乾下

泰，小往大来。吉亨。

夫为下者每难于上达，而为上者每难于下交。今小往而达于上，大来而交于下。此所以为泰而吉亨也。约世道，则上下分定之后，情得相通，而天下泰宁。约佛法，则化道已行，而法门通泰。约观心，则深明六即，不起上慢，而修证可期。又是安忍强软二魔，则魔退而道亨也。强软二魔不能为患是小往，忍力成就是大来。

《彖》曰：泰，小往大来，吉亨。则是天地交而万物通也。上下交而其志同也。内阳而外阴。内健而外顺。内君子而外小人。君子道长，小人道消也。

约四时则如春，天地之气交而万物咸通。约世道如初治，上下之情交而志同为善。约体质，则内阳而外阴，阳刚为主。约德性，则内健而外顺，无私合理。约取舍，则内君子而外小人。见贤思齐，见恶自省。故君子道长，则六爻皆有君子之道；小人道消，则六爻皆有保泰防否之功也。

佛法释者：若得小往大来，则性德之天与修德之地相交，而万行俱通也。向上玄悟与向下操履相交，而解行不分作两橛也。内具阳刚之德，而外示阴柔之忍。内具健行不息之力，而外有随顺世间方便。内合佛道之君子，而外同流于九界之小人，能化九界俱成佛界，故君子道长而小人道消也。

《象》曰：天地交泰。后以财成天地之道。辅相天地之宜。以左右民。

佛法释者：天地之道，即性具定慧。天地之宜，即定慧有适用之宜。财成辅相，即以修禅性也。左右民者，不被强软二魔所坏，则能用此二魔为侍者也。

初九。拔茅茹。以其汇。征吉。

《象》曰：拔茅征吉。志在外也。

阳刚之德，当泰之初，岂应终其身于下位哉！连彼同类以进，志不在于身家，故可保天下之终泰矣。

九二。包荒。用冯河。不遐遗。朋亡。得尚于中行。

《象》曰：包荒，得尚于中行。以光大也。

刚中而应六五，此得时行道之贤臣也。故宜休休有容，荒而无用者包之，有才能冯河者用之，遐者亦不遗之。勿但以二阳为朋，乃得尚合六五中正之道而光大耳。

九三。无平不陂。无往不复。艰贞无咎。勿恤其孚。于食有福。

《象》曰：无往不复。天地际也。

世固未有久泰而不否者，顾所以持之者何如耳？九三刚正，故能艰贞而有福，挽回此天地之际。

六四。翩翩不富以其邻。不戒以孚。

《象》曰：翩翩不富，皆失实也。不戒以孚，中心愿也。

柔正之德，处泰已过中之时。虽无致治真实才力，而赖有同志以防祸乱，则不约而相信，故犹可保持此泰也。俞玉吾曰：泰之时，三阴阳皆应，上下交而志同，不独二五也。乾之初爻，即拔茅连茹以上交。四为坤之初爻，亦翩然连类而下交。三交乎上，既勿恤其孚。故四交于下，亦不戒以孚。上下一心，阴阳调和。此大道为公之盛，所以为泰。季彭己曰：失实，言三阴从阳而不为主也。阳实则能为主，阴虚则但顺承乎阳而已。不有其富之义也。中心愿者，言其出于本心也。

六五。帝乙归妹。以祉元吉。

《象》曰：以祉元吉。中以行愿也。

柔中居尊，下应九二。虚心用贤，而不以君道自专。如帝乙归妹，尽其妇道而顺乎夫子。夫如是，则贤人乐为之用，而泰可永保矣。

上六。城复于隍。勿用师。自邑告命。贞吝。

《象》曰：城复于隍。其命乱也。

泰极必否，时势固然。阴柔又无拨乱之才，故诫以勿复用师。上既失权，下必擅命，故有自邑告命者。邑非出命之所，而今妄自出命，亦可羞矣。然上六只是无才，而以阴居阴，仍得其正，非是全无德也。但遇此时势，故命乱而出自邑人耳。

约佛法释六爻者。夫欲安忍强软二魔，须借定慧之力。初九刚正，故内魔既降，外魔亦伏，似拔茅而连汇。九二刚中，故外魔既化，内魔不起，尚中行而光大。九三过刚，故须艰贞，方得无咎。以其本是正慧，必能取定，故为天地相际。六四正定孚于正慧，故虽不富而能以邻。知魔无实，则魔反为吾侍而如邻。六五定有其慧，故能即魔界为佛界。具足福慧二种庄严，如帝乙归妹而有祉元吉。上六守其劣定，故魔发而成乱。

(否) ䷋ 乾上 坤下

否之匪人。不利君子贞。大往小来。

约世道，则承平日久，君民逸德，而气运衰颓。约佛法，则化道流行，出家者多，而有漏法起。约观心，则安忍二魔之后。得相似证，每每起于似道法爱而不前进。若起法爱，则非出世正忍正智法门。故为匪人，而不利君子贞。以其背大乘道，退堕权小境界故也。

《彖》曰：否之匪人。不利君子贞。大往小来。则是天地不交，而万物不通也。上下不交，而天下无邦也。内阴而外阳，内柔而外刚，内小人而外君子。小人道长，君子道消也。

佛法释者：若起似道法爱，则修德不合性德之天，而万行俱不通也。向上不与向下合一，而不能从寂光垂三土之邦国也。内证阴柔顺忍，而置阳刚佛性于分外。内同二乘之小人，而置佛果君子于分外。自不成佛，不能化他成佛。故小人道长，君子道消也。强软二魔，人每畏惧。故泰传极庆快之辞以安慰之，令无退怯。顺道法爱，人每贪恋。故否传极嗟叹之辞以警策之，令无取著。

《象》曰：天地不交，否。君子以俭德辟难。不可荣以禄。

佛法释者：观此顺道法爱，犹如险坑之难，而不取其味。是谓不可荣以禄也。

初六。拔茅茹。以其汇。贞吉亨。

《象》曰：拔茅贞吉。志在君也。

六爻皆有救否之任，皆论救否之方，不可以下三爻为匪人也。初六柔顺而居阳位，且有同志可以相济，故拔茅连汇而吉亨。但时当否初，尤宜思患豫防，故诫以贞也。

六二。包承。小人吉。大人否亨。

《象》曰：大人否亨。不乱群也。

柔顺中正上应九五阳刚中正之君。惟以仁慈培植人心，挽回天运。故小人得其包承而吉。然在六二大人分中，见天下之未平，心犹否塞不安。不安乃可以致亨，而非小人所能乱矣。

六三。包羞。

《象》曰：包羞。位不当也。

以阴居阳，在下之上，内刚外柔。苟可以救否者，无不为之。岂顾小名小节？谚云：包羞忍耻是男儿。时位使然。何损于坤顺之德哉！《易》因曰：此正处否之法。所谓唾面自干，褫裘纵博者也。

九四。有命无咎。畴离祉。

《象》曰：有命无咎。志行也。

刚而不正，以居上位，宜有咎也。但当否极泰来之时，又得畴类共离于祉。故救否之志得行。离者，附丽也。

九五。休否。大人吉。其亡其亡。系于苞桑。

《象》曰：大人之吉。位正当也。

阳刚中正，居于君位。下应柔顺中正之臣，故可以休否而吉。然患每伏于未然。乱每生于所忽，故必念念安不忘危，存不忘亡，治不忘乱。如系物于苞桑之上，使其坚不可拔。此非大人，其孰能之？

上九。倾否。先否后喜。

《象》曰：否终则倾。何可长也。

刚不中正，居卦之外，先有否也。但否终则倾，决无长否之理。故得后有喜耳。

佛法释者：顺道法爱，非阳刚智德不能拔之。初六法爱未深，而居阳位。若能从此一拔，则一切俱拔。故勉以贞则吉亨。劝其志在于君，君即指法身实证也。六二法爱渐深，故小人则吉。大人正宜于此作否塞想，乃得进道而亨。六三法爱最深，又具小慧，妄认似道为真，故名包羞。九四刚而不正，虽暂起法爱，终能自拔而志行。九五刚健中正，故直入正位而吉。然尚有四十一品无明未断，所以位位皆不肯住，名其亡其亡，从此心心流入萨婆若海。证念不退，名系于苞桑。上九阳居阴位，始亦未免法爱。后则智慧力强，故能倾之。

（同人） ䷌ 乾上 离下

同人，于野亨。利涉大川。利君子贞。

约世道，则倾否必与人同心协力。约佛法，则因犯结制之后，同法者同受持。约观心，则既离顺道法爱初入同生性。上合诸佛慈力，下同众生悲仰，故曰同人。苏眉山曰："野者，无求之地。立于无求之地，则凡从我者皆诚同也。彼非诚同，而能从我于野哉！同人而不得其诚同，可谓同人乎？故天与火同人。物之能同于天者盖寡矣。天非同于物，非求不同于物也。立乎上，而能同者自至焉。其不能者不至也。至者非我援之，不至者非我拒之。不拒不援，是以得其诚同而可以涉川也。苟不得其诚同，与之居安则合，与之涉川则溃矣。"观心释者，野是三界之外，又寂光无障碍境也。既出生死，宜还涉生死大川以度众生。惟以佛知佛见示悟众生，名为利君子贞。

《彖》曰：同人。柔得位得中，而应乎乾，曰同人。

苏眉山曰：此专言二。同人曰：同人于野亨。苏眉山曰：此言五也，故别之。利涉大川，乾行也。文明以健，中正而应，君子正也。唯君子为能通天下之志。

观心释者，本在凡夫，未证法身，名之为柔。今得入正位，得证中道，遂与诸佛法身乾健之体相应，故曰同人。此直以同证佛性为同人也。既证佛体，必行佛德以度众生。名为乾行。文明以健，中正而应。如日月丽天，清水则影自印现。乃君子之正也。惟君子已断无明，得法身中道。应本具二十五王三昧，故能通天下之志。而下合一切众生，与诸众生同悲仰耳。

《象》曰：天与火，同人。君子以类族辨物。

不有其异，安显其同？使异者不失其为异，则同乃得安于大同矣。

佛法释者：如天之与火，同而不同，不同而同。十法界各有其族，各为一物，而惟是一心。一心具足十界。十界互具，便有百界千如之异。而百界千如究竟元只一心。此同而不同不同而同之极致也。

初九。同人于门，无咎。

《象》曰：出门同人。又谁咎也。

同人之道，宜公而不宜私。初九刚正，上无系应，出门则可以至于野矣。故无咎。

六二。同人于宗，吝。

《象》曰：同人于宗。吝道也。

六二得位得中以应乎乾，卦之所以为同人者也。然以阴柔不能远达，恐其近暱于初九九三之宗，则吝矣。

九三。伏戎于莽。升其高陵。三岁不兴。

《象》曰：伏戎于莽，敌刚也。三岁不兴，安行也。

夫二应于五，非九三所得强同也。三乃妄冀其同，故伏戎以邀之，升高陵以伺之。然九五阳刚中正，名义俱顺，岂九三非理之刚所能敌哉？其，即指三。高陵指五。五远于三，如高陵也。

九四。乘其墉。弗克攻。吉。

《象》曰：乘其墉，义弗克也。其吉，则困而反则也。

离象为墉。四亦妄冀同于六二，故欲乘九三之墉以下攻之。但以义揆。知必取困，故能反则而弗攻耳。

九五。同人先号咷而后笑。大师克相遇。

《象》曰：同人之先，以中直也。大师相遇，言相克也。

六二阴柔中正，为离之主，应于九五。此所谓不同而同，乃其诚同者也。诚同而为三四所隔，能弗号咷而用大师相克哉？中，故与二相契，而不疑其迹。直，故号咷用师而不以为讳。郑孩如曰："大师之克，非克三四也。克吾心之三四也。私意一起于中，君子隔九阍矣。甚矣，克己之难也！非用大师，其将能乎？"杨诚斋曰："师莫大于君心，而兵革为小。"

上九。同人于郊，无悔。

《象》曰：同人于郊，志未得也。

苏眉山曰："无所苟同，故无悔。莫与共立，故志未得。"观心释者，六爻皆重明欲证同人之功夫也。夫欲证入同人法性，须借定慧之力。又复不可以有心求，不可以无心得。所谓时节若到，其理自彰。此修心者勿忘勿助之要诀也。初九正慧现前，不劳功力，便能出生死门。六二虽有正定，慧力太微，未免被禅所牵，不出三界旧宗。九三偏用其慧，虽云得正，而居离之上，毫无定水所资。故如升于高陵，而为顶堕菩萨，三岁不兴。九四定慧均调，始虽有期必之心，后乃知期必之不能合道，卒以无心契入而吉。九五刚健中正，而定力不足。虽见佛性，而不了了。所以先须具修众行，积集菩提资粮。借万善之力，而后开发正道。盖是直缘中道佛性，以为迥出二谛之外，所以先号咷而后笑也。上九定慧虽复平等，而居乾体之上，仅取涅槃空证，不能入廛垂手。故志未得。

（大有）☲ 离上 乾下

大有，元亨。

约世道，则同心倾否之后，富有四海。约佛法，则结戒说戒之后，化道大行。约观心，则证入同体法性之后，功德智慧以自庄严。皆元亨之道也。

《彖》曰：大有，柔得尊位。大中，而上下应之。曰大有。其德刚健而文明。应乎天而时行。是以元亨。

佛法释者：从凡夫地直入佛果尊位，证于统一切法之中道，而十界皆应顺之，名为大有。刚健文明，圣行梵行皆已成也。应乎天而时行，证一心中五行。以天行为体，而起婴儿行病行之用也。

《象》曰：火在天上，大有。君子以遏恶扬善，顺天休命。

佛法释者：修恶须断尽，修善须满足，方是随顺法性第一义天之休命也。休命者，十界皆是性具性造。但九界为咎，佛界为休。九界为逆，佛界为顺。

初九。无交害。匪咎。艰则无咎。

《象》曰：大有初九，无交害也。

夫有大者，患其多交而致害也。艰则终亦如初矣。

九二。大车以载。有攸往，无咎。

《象》曰：大车以载，积中不败也。

大车，谓六五虚而能容也。虽有能容之圣君，然非九二积中之贤臣以应之，何能无败？

九三。公用亨于天子。小人弗克。

《象》曰：公用亨于天子。小人害也。

刚正而居大臣之位，可通于圣君矣。岂小人所能哉？

九四。匪其彭，无咎。

《象》曰：匪其彭无咎。明辩晣也。

彭，盛也，壮也。九四刚而不过，又居离体，明辩晣而匪彭，可以事圣君矣。

六五。厥孚交如。威如吉。

《象》曰：厥孚交如，信以发志也。威如之吉，易而无备也。

柔中居尊，专信九二，而天下信之。不怒而民威于鈇钺，不俟安排造作以为威也。苏眉山曰："以其无备，知其有余也。"夫备生于不足。不足之形现于外，则威削。

上九。自天祐之。吉，无不利。

《象》曰：大有上吉。自天祐也。

苏眉山曰："曰祐，曰吉，曰无不利，其为福也多矣。而终不言其所以致福之由。岂真无说也哉？盖其所以致福者远矣。"孔子曰："天之所助者顺也。人之所助者信也。履信思乎顺，又以尚贤也。是以自天祐之吉无不利。"信也，顺也，尚贤也。此三者，皆六五之德也。易而无备，六五之顺也。厥孚交如，六五之信也。群阳归之，六五之尚贤也。上九特履之尔。我之能履者，能顺且信。又以尚贤，则天人之助将安归哉。故曰圣人无功，神人无名。

约佛法释六爻，又有二义。一约果后垂化，二约秉教进修。一约果后垂化者，初九垂形四恶趣中，而不染四趣烦恼。但是大悲，与民同患。故无交害而恒艰。九二垂形人道能，以大乘广度一切，故有攸往而不败。九三现行天道，不染诸天欲乐，及与禅定。故非小人所能。设小人而入天趣，未有不被欲乐禅定所害者也。九四现二乘相，故匪其彭。不与二乘同取涅槃偏证，故明辩晣，言有大乘智慧辩才也。六五现菩萨相，应摄受者而摄受之，故厥孚交如。应折伏者而折伏之，故威如吉。信以发志，是接引善根众生。易而无备，是折伏恶机众生也。上九现如来形，故自天祐之吉无不利。所谓依第一义天，亦现为天人师也。二约秉教进修者，初九秉增上戒学，故不与烦恼相交。九二秉增上心学。故于禅中具一切法而不败。九三秉增上慧学，故能亨于天子。然此慧学。坐断凡圣情解，扫空荡有，每为恶取空者之所借口。所以毫厘有差，天地悬隔。小人弗克用之，用则反为大害。九四秉通教法，但是大乘初门，故匪其彭。虽与二乘同观无生，而不与二乘同证。故明辩晰。六五秉别教法，仰信中道，故厥孚交如。别修缘了，故威如而吉。上九秉圆教法，全性起修。全修在性，故自天祐之吉无不利。

（谦）坤上艮下

谦，亨。君子有终。

约世道，则地平天成，不自满假。约佛化，则法道大行之后，仍等视众生。先意问讯，不轻一切。约观心，则圆满菩提，归无所得。凡此皆亨道也。君子以此而终如其始，可谓果彻因源矣。

《彖》曰：谦亨。天道下济而光明。地道卑而上行。天道亏盈而益谦。地道变盈而流谦。鬼神害盈而福谦。人道恶盈而好谦。谦尊而光。卑而不可逾。君子之终也。

儒则文王视民如伤，尧舜其犹病诸。佛则十种不可尽，我愿不可尽。众生度尽，方证菩提。地狱未空，不取灭度。所以世出世法从来无有盈满之日。苟有盈满之心，则天亏之，地变之，鬼神害之，人恶之矣。以此谦德现形十界，则示居佛位之尊固有光。纵示居地狱之卑，亦无人能逾胜之也。

吴幼清曰：谦者，尊崇他人以居己上，而己亦光显。卑抑自己以居人下，而人亦不可逾越之。此君子之所以有终也。

《象》曰：地中有山，谦。君子以裒多益寡，称物平施。

山过乎高，故多者裒之。地过乎卑，故寡者益之。趣得其平，皆所以为谦也。

佛法释者：裒佛果无边功德之山，以益众生之地。了知大地众生皆具佛果功德山王，称物机宜。而平等施以佛乐，不令一人独得灭度。

初六。谦谦君子。用涉大川。吉。

《象》曰：谦谦君子。卑以自牧也。

苏眉山曰：此最处下，是谦之过也。是道也，无所用之，用于涉川而已。有大难，不深自屈折，则不足以致其用。牧者，养之以待用云尔。

六二。鸣谦贞吉。

《象》曰：鸣谦贞吉。中心得也。

苏眉山曰：谦之所以为谦者，三也。其谦也以劳，故闻其风被其泽者，莫不相从于谦。六二其邻也，上六其配也。故皆和之而鸣于谦，而六二又以阴处内卦之中。虽微九三，其有不谦乎？故曰鸣谦贞吉。鸣以言其和于三，贞以见其出于性也。

九三。劳谦君子。有终吉。

《象》曰：劳谦君子。万民服也。

苏眉山曰：劳，功也。艮之制在三，而三亲以艮下坤，其谦至矣。劳而不伐，有功而不德。是得谦之全者也。故《象》曰君子有终，而三亦云。

六四。无不利，㧑谦。

《象》曰：无不利㧑谦。不违则也。

虽居九三劳谦之上，而柔顺得正。故无不利而为㧑谦。夫以谦㧑谦，此真不违其则者也。

六五。不富以其邻。利用侵伐。无不利。

《象》曰：利用侵伐。征不服也。

苏眉山曰：直者，曲之矫也。谦者，骄之反也。皆非德之至也，故两直不相容。两谦不相使。九三以劳谦，而上下皆谦以应之。内则鸣谦，外则㧑谦，其甚者则谦谦。相追于无穷，相益不已。则所谓裒多益寡称物平施者，将使谁为之？若夫六五则不然。以为谦乎，则所据者刚也。以为骄乎，则所处者中也。惟不可得而谓之谦，不可得而谓之骄，故五谦莫不为之使也。求其所以能使此五谦者而无所有，故曰不富以其邻。至于侵伐而不害为谦，故曰利用侵伐。莫不为之用者，故曰无不利。蕅益曰：征不服，正是裒多名谦。

上六。鸣谦。利用行师，征邑国。

《象》曰：鸣谦，志未得也。可用行师，征邑国也。

苏眉山曰：鸣谦一也。六二自得于心，而上六志未得者，以其所居非安于谦者也。特以其配之劳谦而强应焉。貌谦而实不至，则所服者寡矣。故虽有邑国，而犹叛之。夫实虽不足，而名在于谦，则叛者不利。叛者不利，则征者利矣。

佛法释此六爻者，亦约二义。一约佛果八相，二约内外四众。一约佛果八相者，初六即示现降神入胎，及初生相。久证无生，复示更生，故为卑以自牧。六二即示现出家。久度生死，自言为生死故出家，是为鸣谦。九三即示现降魔成道。久超魔界，证大菩提，而为众生现此劳事，使观者心服。六四即示现三七思惟。久已鉴机，而不违设化仪则。六五即示现转大法轮。本无实法，皆是善巧权现。故为不富。能令十方诸佛同为证明，故为以邻。破众生三惑，令归顺于性具三德，故为利用侵伐。上六即示现灭度。以众生机尽，应火云亡，为志未得。即以灭度而作佛事。令诸众生未种善根者得种，已种者熟，已熟者脱，为征邑国也。二约内外四众者。初六是沙弥小众，故为卑以自牧。六二是守法比丘众，故为鸣谦贞吉。九三是弘法比丘，宰任玄纲，故为劳谦君子。六四是外护人中优婆塞等，故恒谦让一切出家大小乘众而为执谦，乃不违则。六五是护法欲界诸天，故能摧邪以显正，而征不服。上六是色无色天。虽亦护正摧邪，而禅定中无瞋恚相。不能作大折伏法门。故志未得。

（豫）䷏ 震上
坤下

豫，利建侯行师。

约世道，则圣德之君，以谦临民，而上下胥悦。约佛化，则道法流行，而人天胥庆。约观心，则证无相法，受无相之法乐也。世道既豫，不可忘于文事武备。故宜建侯以宣德化，行师以备不虞。道法既行，不可失于训导警策。故宜建侯以主道化，行师以防弊端。自证法喜，不可不行化导。故宜建侯以摄受众生，行师以折伏众生也。又慧行如建侯，行行如行师。又生善如建侯，灭恶如行师。初得法喜乐者，皆应为之。

《彖》曰：豫。刚应而志行。顺以动，豫。豫顺以动。故天地如之。而况建侯行师乎？天地以顺动。故日月不过，而四时不忒。圣人以顺动。则刑罚清而民服。豫之时义大矣哉。

顺以动，虽豫之德，实所以明保豫之道也。夫六十四卦皆时耳。时必有义，义则必大何独豫为然哉？豫则易于怠忽，故特言之。

佛法释者：惟顺以动，故动而恒顺。所谓称性所起之修，全修还在性也。时义岂不大哉！

《象》曰：雷出地奋豫。先王以作乐崇德。殷荐之上帝，以配祖考。

佛法释者：作乐，如经所谓梵呗咏歌自然敷奏也。崇德，以修严性也。殷荐上帝，即名本源自性为上帝。祖考，谓过去诸佛也。

初六。鸣豫，凶。

《象》曰：初六鸣豫。志穷凶也。

夫盛极必衰，乐极必苦，豫不可以不慎也。故六爻多设警策之辞，亦即《象》中建侯行师之旨耳。初六上和九四而为豫，自无实德，志在恃人而已。能弗穷乎？

六二。介于石。不终日。贞吉。

《象》曰：不终日贞吉。以中正也。

苏眉山曰：以阴居阴，而处二阴之间。晦之极，静之至也。以晦观明，以静观动，则凡吉凶祸福之至，如长短黑白陈于吾前，是以动静如此之果也。介于石，果于静也。不终日，果于动也。是故孔子以为知机也。

六三。盱豫，悔。迟有悔。

《象》曰：盱豫有悔。位不当也。

六三亦无实德。上视四以为豫，急改悔之可也。若迟，则有悔矣。夫视人者岂能久哉！

九四。由豫。大有得。勿疑。朋盍簪。

《象》曰：由豫大有得。志大行也。

为豫之主，故名由豫。夫初与三与六，皆由我而为豫矣。二五各守其贞，慎勿疑之。不疑，则吾朋益固结也。

六五。贞疾。恒不死。

《象》曰：六五贞疾，乘刚也。恒不死，中未亡也。

二五皆得中，故皆不溺于豫而为贞也。但二远于四，又得其正，故动静不失其宜。五乘九四之刚，又不得正，安得不成疾乎？然犹愈于中丧其守而外求豫者也。

上六。冥豫。成有渝。无咎。

《象》曰：冥豫在上，何可长也。

豫至于冥，时当息矣。势至于成，必应变矣。因其变而通之，因其冥而息之，庶可以免咎耳。

佛法释者：九四为代佛扬化之人，余皆法门弟子也。初六不中不正，恃大人福庇，而忘修证之功。故凶。六二柔顺中正，能于介尔心中，彻悟事造理具两重三千，其理决定不可变易。顿悟顿观，不俟终日之久。此善于修心，得其真正法门者也。故吉。六三亦不中正，但以近于严师，故虽盱豫，而稍知改悔。但无决断勇猛之心，故诫以悔迟则必有悔。九四为卦之主，定慧和平，自利利他，法皆成就，故朋坚信而志大行。六五柔质不正，反居明师良友之上，可谓病入膏肓，故名贞疾。但以居中，则一点信心犹在，善根不断，故恒不死。上六柔而得正，处豫之终，未免沈空取证。但本有愿力，亦不毕竟入于涅槃。终能回小向大，而有渝无咎。死水不藏龙，故曰何可长也。若约位象人者：初六是破戒僧，六二是菩萨圣僧，六三是凡夫僧，九四是绍祖位人，六五是生年上座，上六是法性上座也。

（随）䷐ 兑上 震下

随。元亨，利贞。无咎。

约世道，则上下相悦，必相随顺。约佛化，则人天胥悦，受化者多。约观心，则既得法喜，便能随顺诸法实相。皆元亨之道也。然必利于贞，乃得无咎。不然，将为蛊矣。

《彖》曰：随。刚来而下柔。动而说，随。大亨贞无咎。而天下随时。随时之义大矣哉。

震为刚，兑为柔。今震反居兑下，故名刚来下柔也。内动外悦，与时偕行，故为天下随时。犹儒者所谓时习时中，亦佛法中所谓时节若到，其理自彰。机感相合，名为一时。故随时之义称大。

《象》曰：泽中有雷，随。君子以向晦入宴息。

观心释者，既合本源自性，上同往古诸佛，则必冥乎三德秘藏而入大涅槃也。

初九。官有渝，贞吉。出门交有功。

《象》曰：官有渝，从正吉也。出门交有功，不失也。

官者，物之正主。九五为六二正主，则六二乃官物也。而阴柔不能远达，乃变其节以随初。初宜守正，不受其随则吉。盖交六二于门内，则得二而失五。不如交九五于门外，虽失二而有功，君子以为不失也。

六二。系小子。失丈夫。

《象》曰：系小子，弗兼与也。

系初必失五，安有两全者哉？所以为二诫也。

六三。系丈夫。失小子。随有求得。利居贞。

《象》曰：系丈夫，志舍下也。

四为丈夫，初为小子。三近于四，而远于初。然皆非正应也。

但从上则顺，系近则固。故周公诫以居贞，而孔子赞其志。

九四。随有获，贞凶。有孚在道。以明何咎。

《象》曰：随有获，其义凶也。有孚在道明功也。

六二欲往随九五，必历四而后至。四固可以获之，获则得罪于五而凶矣。惟深信随之正道，则心迹可明而无咎，亦且同初九之有功也。

九五。孚于嘉，吉。

《象》曰：孚于嘉吉，位正中也。

六二阴柔中正，五之嘉偶也。近于初而历于四，迹甚可疑。九五阳刚中正，深信而不疑之。得二之心，亦得初与四之心而吉矣。

上六。拘系之。乃从维之。王用亨于西山。

《象》曰：拘系之，上穷也。

阴柔得正，居随之极。专信九五，而固结不解者也。故可亨于神明。然穷极而不足以有为矣。

佛法释者：三阳皆为物所随。故明随机之义。三阴皆随顺乎阳。故明随师之道。初九刚正居下，始似不欲利生者。故必有渝乃吉，出门乃为有功。九四刚而不正，又居上位。虽膺弘法之任，有似夹带名利之心。故有获而贞凶。惟须笃信出世正道，则心事终可明白。九五刚健中正，自利利他。故孚于嘉而吉。六二柔顺中正，而无慧力，未免弃大取小。六三不中不正，而有慧力，则能弃小从大。然虽云弃小从大，岂可藐视小简而不居贞哉？上六阴柔得正，亦无慧力，专修禅悦以自娱，乃必穷之道也。惟以此笃信之力，回向西方，则万修万人去耳。

（蛊）☶ 艮上
　　　　巽下

蛊，元亨。利涉大川。先甲三日。后甲三日。

蛊者，器久不用而虫生，人久宴溺而疾生，天下久安无为而弊生之谓也。约世道，则君臣悦随，而无违弼吁咈之风，故成弊。约佛法，则天人胥悦，举世随化，必有邪因出家者，贪图利养，混入缁林，故成弊。约观心究竟随者，则示现病行而为蛊。约观心初得小随顺者，既未断惑，或起顺道法爱，或于禅中发起夙习而为蛊。然治既为乱阶，乱亦可以致治，故有元亨之理。但非发大勇猛如涉大川，决不足以救弊而起衰也。故须先甲三日以自新，后甲三日以丁宁，方可挽回积弊，而终保其善图耳。

《彖》曰：蛊。刚上而柔下。巽而止，蛊。蛊元亨，而天下治也。利涉大川，往有事也。先甲三日。后甲三日。终则有始。天行也。

艮刚在上，止于上而无下济之光。巽柔在下，安于下而无上行之德。上下互相偷安，惟以目前无事为快。曾不知远忧之渐酿也。惟知此积弊之渐，则能设拯救之方，而天下可治。然岂当袖手无为而听其治哉。必须往有事如涉大川，又必体天行之有终有始然后可耳。世法佛法，垂化观心，无不皆然。

《象》曰：山下有风，蛊。君子以振民育德。

振民如风，育德如山。非育德不足以振民，非振民不足以育德。上求下化。悲智双运之谓也。

初六。干父之蛊。有子。考无咎。厉，终吉。

《象》曰：干父之蛊，意承考也。

蛊非一日之故，必历世而后见。故诸爻皆以父子言之。初六居蛊之始，坏犹未深。如有贤子，则考可免咎也。然必惕厉乃得终吉。而干蛊之道，但可以意承考，不可承考之事。

九二。干母之蛊。不可贞。

《象》曰：干母之蛊，得中道也。

苏眉山曰：阴性安无事而恶有为，故母之蛊干之尤难。正之则伤爱，不正则伤义。非九二不能任也。二以阳居阴，有刚之实，而无刚之迹，可以免矣。

九三。干父之蛊。小有悔。无大咎。

《象》曰：干父之蛊，终无咎也。

苏眉山曰：九三之德与二无异，特不知所以用之。二用之以阴，而三用之以阳。故小有悔而无大咎。

六四。裕父之蛊。往见吝。

《象》曰：裕父之蛊，往未得也。

阴柔无德，故能益父之蛊。裕，益也。

六五。干父之蛊。用誉。

《象》曰：干父用誉，承以德也。

柔中得位，善于干蛊。此以中兴之德而承先绪者也。

上九。不事王侯。高尚其事。

《象》曰：不事王侯，志可则也。

下五爻皆在事内，如同室有斗，故以父子明之。上爻独在事外，如乡邻有斗，故以王侯言之。尚志即是士之实事，可则即是廉顽起懦高节，即所以挽回斯世之蛊者也。

统论六爻。约世道，则初如贤士，二如文臣，三如贤将，四如便嬖近臣，五如贤王，六如夷齐之类。约佛化，则下三爻如外护，上三爻如内护。初六柔居下位，竭檀施之力以承顺三宝者也。九二刚中，以慈心法门屏翰正法者也。九三过刚，兼威折之用，护持佛教者也。六四柔正，但能自守，不能训导于人。六五柔中，善能化导一切。上九行头陀远离行，似无意于化人。然佛法全赖此人以作榜样，故志可则也。约观心，则初六本是定胜，为父之蛊。但居阳位，则仍有慧子而无咎。然必精厉一番，方使慧与定等而终吉。九二本是慧胜，为母之蛊。但居阴位，则仍有定。然所以取定者，为欲助慧而已。岂可终守此定哉？九三过刚不中，慧反成蛊，故小有悔。然出世救弊之要，终借慧力。故无大咎。六四过于柔弱，不能发慧。以此而往，未免随味禅生上慢，所以可羞。六五柔而得中，定有其慧，必能见道。上九慧有其定，顿入无功用道，故为不事王侯而高尚其事之象。所谓佛祖位中留不住者，故志可则。

（临）䷒ 坤上 兑下

临。元亨，利贞。至于八月有凶。

约世道，则干蛊之后，可以临民。约佛法，则弊端既革，化道复行。约观心，则去其禅病，进断诸惑。故元亨也。世法，佛法，观心之法，始终须利于贞。若乘势而不知返，直至八月，则盛极必衰，决有凶矣。八月为遁，与临相反。谓不宜任其至于相反，而不早为防闲也。

《彖》曰：临。刚浸而长。说而顺。刚中而应。大亨以正，天之道也。至于八月有凶，消不久也。

刚浸而长，故名为临。说而顺，刚中而应，故为大亨。以正与乾之元亨利贞同道，此乃性德之本然也。若一任其至于八月，而不早为防闲，则必有凶。以有长有消，乃自然之势。惟以修合性者。乃能御天道，而不被天道所消长耳。

《象》曰：泽上有地，临。君子以教思无穷。容保民无疆。

泽，谓四大海也。地以载物，海以载地。此无穷之容保也。

佛法释者：教思无穷犹如泽，故为三界大师。容保无疆犹如地，故为四生慈父。

初九。咸临，贞吉。

《象》曰：咸临贞吉，志行正也。

约世道，则干蛊贵刚勇，临民贵仁柔。约佛法，则除弊宜威折，化导宜慈摄。约观心，则去恶宜用慧力，入理宜用定力。初九刚浸而长，故为咸临。恐其任刚过进，故诫以贞则吉。

九二。咸临吉，无不利。

《象》曰：咸临吉无不利，未顺命也。

二亦居阳刚浸长之势。然此时尚宜静守，不宜乘势取进。故必吉乃无不利，若非吉便有不利矣。盖乘势取进。则未顺于大亨以正之天命故也。

六三。甘临，无攸利。既忧之，无咎。

《象》曰：甘临，位不当也。既忧之，咎不长也。

柔而志刚，昧著取进，以临为甘，而不知其无所利也。然既有柔德。又有慧性，必能反观忧改，则无咎矣。

六四。至临，无咎。

《象》曰：至临无咎，位当也。

佛法释者：以正定而应初九之正慧，故为至临。

六五。知临。大君之宜，吉。

《象》曰：大君之宜，行中之谓也。

佛法释者：有慧之定。而应九二有定之慧。此所谓王三昧也。中道统一切法，名为大君之宜。

上六。敦临吉，无咎。

《象》曰：敦临之吉，志在内也。

柔顺得正，居临之终。如圣灵在天，默祐子孙臣民者矣。

佛法释者：妙定既深，自发真慧。了知心外无法，不于心外别求一法。故为志在内而志无咎。

（观）䷓ 巽上 坤下

观。盥而不荐。有孚颙若。

约世道，则以德临民，为民之所瞻仰。约佛法，则正化利物，举世之所归凭。约观心，则进修断惑，必假妙观也。但使吾之精神意志，常如盥而不荐之时，则世法佛法，自利利他，皆有孚而颙然可尊仰矣。

《彖》曰：大观在上。顺而巽。中正以观天下。观盥而不荐。有孚颙若。下观而化也。观天之神道而四时不忒。圣人以神道设教，而天下服矣。

阳刚在上，示天下以中正之德。顺而不逆，巽而不忤，故如祭之盥手未荐物时。孚诚积于中，而形于外，不言而人自喻之也。圣而不可知之之谓神。天何言哉！四时行焉。不可测知，故名神道。圣人设为纲常礼乐之教。民皆由之。而莫知其所以然。独非神道乎哉！神者，诚也。诚者，孚也。孚者，人之心也。人心本顺本巽，本中本正。以心印心，所以不假荐物而自服矣。

佛法释者：大观者，绝待妙观也。在上者，高超九界也。顺者，不与性相违也。巽者，遍于九界一切诸法也。中者，不堕生死涅槃二边也。正者，双照二谛，无减缺也。以观天下者，十界所朝宗也。世法则臣民为下，佛法则九界为下，观心则一切助道法门等为下。天之神道即是性德，性德具有常乐我净四德而不忒。以神道设教，即为称性圆教。故十界同归服也。

《象》曰：风行地上，观。先王以省方观民设教。

佛法释者：古佛省四土之方，观十界之民，设八教之纲以罗之。如风行地上，无不周遍也。

初六。童观。小人无咎。君子吝。

《象》曰：初六童观，小人道也。

阴柔居下，不能远观，故如童幼之无知也。小人如童幼，则不为恶。君子如童幼，则无以治国平天下矣。

六二。窥观。利女贞。

《象》曰：窥观女贞，亦可丑也。

柔顺中正以应九五。女之正位乎内，从内而观者也。士则丑矣。

六三。观我生进退。

《象》曰：观我生进退，未失道也。

进以行道，退以修道。能观我生，则进退咸不失道。

六四。观国之光。利用宾于王。

《象》曰：观国之光，尚宾也。

柔而得正，密迩圣君，无忝宾师之任矣。

九五。观我生。君子无咎。

《象》曰：观我生，观民也。

修己以敬。万方有罪，罪在朕躬。此君子之道也。

上九。观其生。君子无咎。

《象》曰：观其生，志未平也。

处师保之位，天下谁不观之？非君子能无咎乎？既为天下人所观，则其为观于天下之心，亦自不能稍懈。故志未平。

约佛法释六爻者：初是外道，为童观。有邪慧故。二是凡夫，为窥观。耽味禅故。三是藏教之机。进为事度，退为二乘。四是通教大乘初门，可以接入别圆。故利用宾于王。五是圆教之机。故观我即是观民。所谓心佛众生三无差别。上是别教之机，以中道出二谛外。真如高居果头，不达平等法性。故志未平。又约观心释六爻者：初是理即，如童无所知。二是名字即，如女无实慧。

三是观行即，但观自心。四是相似即，邻于真位。五是分证即，自利利他。六是究竟即，不取涅槃。遍观法界众生。示现病行，及婴儿行。

周易禅解卷四

上经之四

（噬嗑） 离上 震下

噬嗑，亨。利用狱。

约世道，则大观在上，万国朝宗。有不顺者，噬而嗑之。舜伐有苗，禹戮防风之类是也。约佛法，则僧轮光显之时，有犯戒者治之。约观心，则妙观现前。随其所发烦恼业病魔禅慢见等境，即以妙观治之。皆所谓亨而利用狱也。

《彖》曰：颐中有物，曰噬嗑。噬嗑而亨。刚柔分。动而明。雷电合而章。柔得中而上行。虽不当位。利用狱也。

王道以正法养天下，佛法以正教养僧伽，观心以妙慧养法身。皆颐之象也。顽民梗化而须治，比丘破戒而须治，止观境发而须观。皆有物之象也。刚柔分，则定慧平等。动而明，则振作而智照不昏。雷电合而章，则说默互资。雷如说法，电如入定放光也。二五皆柔，故柔得中，即中道妙定也。上行者，震有奋发之象，离有丽天之象。虽不当位者，六五以阴居阳，如未入菩萨正位之象。然观行中定慧得所，故于所发之境，善用不思议观以治之也。

《象》曰：雷电噬嗑。先王以明罚敕法。

明罚即所以敕法。如破境即所以显德也。

初九。屦校灭趾，无咎。

《象》曰：屦校灭趾，不行也。

夫噬嗑者，不论世法佛法，自噬噬他，皆须制之于早，不可酿至于深。又须得刚克柔克之宜，不可重轻失准。今初九在卦之下，其过未深。以阳居阳，又得其正。故但如屦校灭趾，即能惩恶不行而无咎也。灭趾，谓校掩其趾。

六二。噬肤灭鼻，无咎。

《象》曰：噬肤灭鼻，乘刚也。

阴柔中正，其过易改，故如噬肤。下乘初九之刚，故如灭鼻。灭鼻，谓肤掩其鼻。

六三。噬腊肉。遇毒。小吝。无咎。

《象》曰：遇毒，位不当也。

在下之上，过渐深矣。以阴居阳，又有邪慧，如毒，吝可知也。然当噬嗑之时，决不至于怙终。故得无咎。

九四，噬干胏。得金矢。利艰贞。吉。

《象》曰：利艰贞吉，未光也。

田猎射兽，矢锋入骨而未拔出。今噬干胏时，方乃得之。亦可畏矣。此喻积过已久也。然刚而不过，必能自克。故利于艰贞则吉。

六五。噬干肉。得黄金。贞厉，无咎。

《象》曰：贞厉无咎，得当也。

柔虽如肉，而过成已久，如肉已干矣。赖有中德可贵，如得黄金。守此中德之贞，兢兢惕厉，庶可复于无过耳。

上九。何校灭耳，凶。

《象》曰：何校灭耳，聪不明也。

过恶既盈。不可复救。如荷厚枷，掩灭其耳。盖由聪听不明，不知悔过迁善以至此也。

观心释者，初九境界一发，即以正慧治之，如灭趾而令其不行。六二境发未深，即以正定治之，所噬虽不坚硬，未免打失巴鼻。六三境发渐甚，定慧又不纯正，未免为境扰乱，但不至于堕落。九四境发夹杂善恶，定慧亦不纯正，纵得小小法利，未证深法。六五纯发善境，所得法利亦大，然犹未入正位，仍须贞厉乃得无咎。上九境发极深，似有定慧，实则不中不正，反取邪事而作圣解，永堕无闻之祸也。

(贲) ䷕ 艮上 离下

贲，亨。小利有攸往。

约世道，则所噬既嗑之后，偃武修文。约佛法，则治罚恶僧之后，增设规约。约观心，则境发观成之后，定慧庄严。凡此皆亨道也。然世法佛法，当此之时，皆不必大有作为。但须小加整饬而已。

《彖》曰：贲，亨。柔来而文刚，故亨。分刚上而文柔。故小利有攸往，天文也。文明以止，人文也。观乎天文以察时变。观乎人文以化成天下。

贲则必亨，以其下卦本乾，而六二以柔来文之，则是质有其文，亦是慧有其定，故亨也。上卦本坤，而上九分刚以文之，则是文有其质。亦是定有其慧，故小利有攸往也。文质互资，定慧相济，性德固然，非属强设，名为天文。体其有定之慧，寂而常照，为文明。体其有慧之定，照而常寂，为止。是谓以修合性。名为人文。性德则具造十界，故观之可察时变。修德则十界全归一心，故观之可化成天下。

《象》曰：山下有火，贲。君子以明庶政。无敢折狱。

贲非折狱之时也。庶政苟明，则可以使民无讼矣。

佛法释者：山下有火。外止内明。故于三千性相之庶政，一一明之。了知一切法正一切法邪，终不妄于其中判断一是一非，而生取舍情见，如无敢折狱也。

初九。贲其趾。舍车而徒。

《象》曰：舍车而徒，义弗乘也。

卦虽以刚柔相文，得名为贲，而实非有事于矫饰也。故六爻皆取本色自贲，而终极于白贲。正犹《诗》所谓"素以为绚"。盖天下之真色，固莫有胜于白者。今初九抱德隐居，晚食以当肉，安步以当车，乃以义自贲者也。

六二。贲其须。

《象》曰：贲其须，与上兴也。

柔顺中正。虚心以取益乎上下之贤，乃以师友自贲者也。

九三。贲如濡如。永贞吉。

《象》曰：永贞之吉，终莫之陵也。

刚正而居明体之上，足以润及于六二六四，而使之同为圣贤。乃以师道自贲者也。

六四。贲如皤如。白马翰如。匪寇婚媾。

《象》曰：六四，当位疑也。匪寇婚媾，终无尤也。

柔而得正，知白贲之可贵。故求贤无厌倦心。近则亲乎九三，俯则应乎初九，仰则宗乎上九，无一非我明师良友。即六二六五，亦皆我同德相辅之朋。见贤思齐，见不贤而自省，安有寇哉？盖由居上卦之下。则是上而能下。不敢自信自专，乃以虚心自贲者也。

六五。贲于丘园。束帛戋戋。吝。终吉。

《象》曰：六五之吉，有喜也。

柔中而有阳刚之志。能知道德之乐，而不以势位自骄，视天位之尊与丘园等。如大禹之菲饮食，恶衣服，卑宫室，为束帛戋戋吝惜之象，实则吾无间然而终吉。盖以盛德自贲者也。

上九。白贲，无咎。

《象》曰：白贲无咎，上得志也。

以刚居艮止之极。又在卦终，而居阴位，则非过刚。年弥高，德弥邵，纯净无疵，如武公之盛德至善以自贲者也。

佛法释者：初九以施自贲，六二以戒自贲，九三以忍自贲，六四以进自贲,六五以定自贲,上九以慧自贲。又初九为理贲,不以性德滥修德故。六二为名字贲,从此发心向上故。九三为观行贲,不可暂忘故。六四为相似贲,不住法爱故。六五为分证贲,于三谛不漏失故。上九为究竟贲,复于本性,无纤瑕故。

（剥）䷖ 艮上
坤下

剥，不利有攸往。

《彖》曰：剥，剥也。柔变刚也。不利有攸往，小人长也。顺而止之，观象也。君子尚消息盈虚，天行也。

约世道，则偃武修文之后，人情侈乐，国家元气必从此剥。约佛法，则规约繁兴之后，真修必从此剥。约观心有二义：一约得边，则定慧庄严之后，皮肤脱尽，真实独存，名之为剥。一约失边，则世间相似定慧，能发世间辩才文彩，而于真修之要反受剥矣。约得别是一途。今且约失而论，则世出世法皆不利有攸往。所谓不利有攸往者，非谓坐听其剥，正示挽回之妙用也。往必受剥，不往，则顺而止之。所以挽回其消息盈虚之数，而合于天行也。

《象》曰：山附于地，剥。上以厚下安宅。

山附于地，所谓得乎丘民而为天子也。百姓足君孰与不足？故厚下乃可安宅。此救剥之妙策也。观心释者，向上事，须从脚跟下会取，正是此意。

六爻约世道，则朝野无非阴柔小人，惟一君子高居尘外。约佛化，则在家出家，皆以名利相縻，惟一圣贤远在兰若。约观心，则修善断尽，惟一性善从来不断。

初六。剥床以足。蔑贞凶。

《象》曰：剥床以足，以灭下也。

床者所以栖身，剥床则身无所栖矣。初在最下，故如剥足。于世法为恶民，于佛法为恶伽蓝民，于观心为剥损戒足也。别约得者，是剥去四恶趣因。然设无四恶趣，则大悲无所缘境。故诫以蔑贞凶。

六二。剥床以辨。蔑贞凶。

《象》曰：剥床以辨，未有与也。

于世法为恶臣，于佛法为恶檀越，于观心为剥损禅定。无定，则散乱不能辨理，故未有与。别约得者，是剥去人天散善。然设无人天散善，则无以摄化众生。故亦诫以蔑贞凶。

六三。剥之无咎。

《象》曰：剥之无咎，失上下也。

于世法，为混迹小人之君子。于佛法，为有正见之外护。于观心，为剥损智慧。剥慧则不着于慧，故能因败致功。坐断两头而失上下，又别约得者，是剥去色无色界味禅暗定。故得无咎。

六四。剥床以肤，凶。

《象》曰：剥床以肤，切近灾也。

下卦如床，上卦如身。今剥及身肤，不可救矣。于世法为恶宰辅，于佛法为恶比丘，于观心为剥无一切因果。别约得者，是剥去二乘入真法门。然设无真谛，则无以出生死而不染世间过患，故诫以切近于灾。所谓毫厘有差，天地悬隔也。

六五。贯鱼。以宫人宠，无不利。

《象》曰：以宫人宠，终无尤也。

于世法，为柔君以在君位。又居阳而得中，能师事上九高贤，挽回天下之乱。如文王之师吕尚。于佛法，为福德比丘作丛林主，率众僧以师事圣贤。于观心，为即修恶以达性恶。性恶融通，任运摄得佛地性善功德。故无不利。又别约得者，从空入假。剥二边以归中道，故须达中道统一切法。如贯鱼以宫人宠，使法法皆成摩诃衍道。则无不利。

上九。硕果不食。君子得舆，小人剥庐。

《象》曰：君子得舆。民所载也。小人剥庐，终不可用也。

于世法为事外高贤，如吕尚箕子之类。于佛法为出世高流，人间福田。于观心为性善终不可剥，故如硕果不食。君子悟之以成道，小人恃之而生滥圣之慢者也。别约得者，亦指性德从来不变不坏。能悟性德，则当下满足一切佛法。故君子得舆，执性废修，则堕落恶趣，故小人剥庐。

（复） 坤上 震下

复，亨。出入无疾。朋来无咎。反复其道。七日来复。利有攸往。

约世道，则衰剥之后，必有明主中兴而为复。约佛化，则沦替之后，必有圣贤应现，重振作之而为复。约观心又二义：一者承上卦约失言之，剥而必复。如平旦之气，好恶与人相近。又如调达得无根信也。二者承上卦约得言之。剥是荡一切情执，复是立一切法体也。若依第三观，则从假入空名剥，从空入假名复。若一心三观，则以修吻性名剥。称性垂化名复。复则必亨。阳刚之德为主，故出入可以无疾。以善化恶，故朋来可以无咎。一复便当使之永复，故反复其道，至于七日之久。则有始有终，可以自利利他而有攸往也。

《彖》曰：复，亨。刚反。动而以顺行。是以出入无疾，朋来无咎。反复其道，七日来复。天行也。利有攸往。刚长也。复，其见天地之心乎？

观心释者，佛性名为天地之心，虽阐提终不能断，但被恶所覆而不能自见耳。苦海无边，回头是岸。一念菩提心，能动无边生死大海。复之所以得亨者，以刚德称性而发，遂有逆反生死之势故也。此菩提心一动，则是顺修。依此行去，则出入皆无疾，朋来皆无咎矣。然必反复其道七日来复者，体天行之健而为自强不息之功当如是也。充此一念菩提之心，则便利有攸往。以刚虽至微，而增长之势已自不可御也。故从此可以见吾本具之佛性矣。又出谓从空出假，入谓从假入空。既顺中道法性，则不住生死，不住涅槃，而能游戏于生死涅槃。故无疾也。朋谓九界性相。开九界之性相，咸成佛界性相。故无咎也。

《象》曰：雷在地中，复。先王以至日闭关。商旅不行。后不省方。

杨慈湖曰：舜禹十有一月朔巡狩，但于冬至日则不行耳。观心释者，复虽有刚长之势，而利有攸往。然必静以养其机，故观行即佛之先王。既大悟藏性之至日，必关闭六根，脱粘内伏，暂止六度万行商旅之事。但观现前一念之心，而未可遍历阴界入等诸境以省观也。

初九。不远复。无祗悔。元吉。

《象》曰：不远之复，以修身也。

此如颜子。约佛法者，正慧了了，顿见佛性，顿具诸行，所以元吉。如圆教初住。又约六度，即是般若正道。

六二。休复，吉。

《象》曰：休复之吉，以下仁也。

此如曾子。约佛法者，正定得中，邻真近圣。如圆教十信。又约六度，即是正定与慧相连。

六三。频复，厉。无咎。

《象》曰：频复之厉，义无咎也。

此如子路。约佛法者，有定有慧，而不中正。故须先空次假后中，名为频。复勤劳修证而得无咎。又约六度，即是精进勤策相续。

六四。中行独复。

《象》曰：中行独复，以从道也。

此如蘧伯玉。约佛法者。正定而与初应。如通教利根接入于圆。又约六度，即是忍辱。由与初应，则生法二忍，便成第一义忍。

六五。敦复，无悔。

《象》曰：敦复无悔，中以自考也。

此如周宣，汉文，宋仁。约佛法者。定慧调匀。亦且得中，但与阳太远。故必断惑证真之后，俟开显而会入圆位。如藏通二乘，又约六度，即是持戒。虽远于初，但自考三业无失，自然合理而得无悔。

上六。迷复，凶。有灾眚。用行师。终有大败。以其国君凶。至于十年不克征。

《象》曰：迷复之凶，反君道也。

此如王安石方孝孺等。生今反古，名为迷复，非昏迷不复之谓。约佛法者，不中不正，恃世间小定小慧以为极则。因复成迷，故不惟凶，且有灾眚。若以此设化教人，必大败法门，损如来之正法。至于十年而弗克征，以其似佛法而实非佛法，反于圆顿大乘之君道。如今世高谈圆顿向上者是也。又约六度，即是布施，而远于智慧。着相，着果报。起慢，起爱，亦能起见。故虽是善因，反招恶果。良由不达佛法之君道故耳。

（无妄）乾上 震下

无妄，元亨利贞。其匪正有眚。不利有攸往。

约世道，则中兴之治，合于天道而无妄。约佛法，则中兴之化，同于正法而无妄。约观心，则复其本性，真穷惑尽而无妄。皆元亨而利于正者也。然世出世法，自利利他，皆须深自省察，不可夹一念之邪，不可有一言一行之眚。倘内匪正而外有眚，则决不可行矣。圣人持满之戒如此。

《彖》曰：无妄。刚自外来。而为主于内。动而健。刚中而应。大亨以正，天之命也。其匪正有眚。不利有攸往。无妄之往，何之矣。天命不祐，行矣哉。

震之初爻，全揽乾德为体。故曰自外来为主于内也。性德虽人人本具，然在迷情，反为分外。今从性起修，了知性德是我固有。故名为主于内。夫既称性起修，必须事事随顺法性。倘三业未纯，纵有妙悟，不可自利利他。既不合于性德，则十方诸佛不护念之。安能有所行哉？

《象》曰：天下雷行，物与无妄。先王以茂对时，育万物。

佛法释者：师子奋迅，三世益物，名茂对时。番番种熟脱，使三草二木任运增长而归一实。名育万物。

初九。无妄往吉。

《象》曰：无妄之往，得志也。

《彖》云"无妄之往何之矣"，乃指匪正有眚，出于无妄而往于妄也。此云"无妄往吉"，乃依此真诚无妄而往应一切事也。所以得志而吉。

六二。不耕获。不菑畬。则利有攸往。

《象》曰：不耕获，未富也。

田一岁曰菑，三岁曰畲。世未有不耕而获，不菑而畲者。夫不耕不菑，此绝无望于获畲者也。然能获能畲。此何以致之乎？孔子云："隐居以求其志，行义以达其道。"又云："耕也馁在其中矣，学也禄在其中矣。"六二以阴柔中正，上应九五阳刚中正之君。惟以求志达道为心，而毫不以富贵利禄为念。乃利有攸往而不变其塞耳。

六三。无妄之灾。或系之牛。行人之得。邑人之灾。

《象》曰：行人得牛。邑人灾也。

不中不正，居震之上。此执无妄之理而成灾者也。夫行人得牛，何乃执理而求偿于邑人？岂非祸及无辜者乎？

吴幼清曰："无妄之善有三：刚也，当位也，无应也。刚者，实也。当位者，正也。无应者，无私累也。诸爻或有其三，或有其二，或有其一。初九三皆全，其最善也。九五九四有其二。九五刚而中正，九四刚而无应，是其次也。六二上九有其一。六二中正，上九刚实，是又其次也。唯六三于三者咸无焉，而亦得为无妄，何也？下比中正之六二，上比刚实无私之九四。譬如有人。在己虽无一善，而上有严师，下有良友。亲近切磨，夹持薰染。亦不至于为恶。此六三之所以亦得为无妄也。"

陈旻昭曰："世固有忠臣孝子。遇不得已之时势。竟冒不忠不孝之名，而万古不能自白者，因灾而息其欲自陈白之妄心。是为无妄之灾。如系牛于邑，而行人得之。彼行人决不可查考，而邑人决无以自白。惟有吞声忍气，陪偿其牛而已。忠臣孝子之蒙怨者亦复如是。"

九四。可贞，无咎。

《象》曰：可贞无咎，固有之也。

以阳居阴。不好刚以自任。盖其德性然也。

九五。无妄之疾。勿药有喜。

《象》曰：无妄之药，不可试也。

刚健中正，此无妄之至者也。夫立身于无过之地者，未免责人太过。所谓执药反成病矣。故勿药而有喜。盖以己律人，则天下孰能从之？

上九。无妄。行有眚。无攸利。

《象》曰：无妄之行，穷之灾也。

以阳居阴，虽非过刚，而居无妄之极，则是守常而不知变通者也。既无善权方便，其何以行之哉？

佛法释者：六爻皆悟无妄之理而为修证者也。初九正慧直进，故现生克果而得志。六二正定治习，故须于禅法不取不证，则可以借路还家。六三不中不正，虽有小小定慧能开示人，令其得道得果。如行人得牛。而自己反成减损，久滞凡地。如邑人之灾。九四慧而有定，自利有余。乃是达其性具定慧，非是修而后有。九五刚健中正，自利已圆。为众生故，示现病行。岂更须对治之药？即初心修观亦复如是。一切境界无非性德。体障即德，无可对治也。上九不中不正，恃性德而不事修德。躬行多眚，何利之有？盖由一味高谈向上，以至于穷。故成灾也。

（大畜） 艮上 乾下

大畜，利贞。不家食吉。利涉大川。

畜，蓄积也。蓄积其无妄之道以养育天下者也。约世道，则中兴之主，复于无妄之道，而厚蓄国家元气。约佛化，则四依大士，复其正法之统，而深养法门龙象。约观心，则从迷得悟。复于无妄之性，而广积菩提资粮。皆所谓大畜也。世出世法，弘化进修，皆必以正为利。以物我同养为公，以历境练心为要。故不家食吉，而利涉大川也。

《彖》曰：大畜。刚健笃实辉光。日新其德。刚上而尚贤。能止健。大正也。不家食吉，养贤也。利涉大川，应乎天也。

乾之刚健，艮之笃实，皆有辉光之义焉。以此日新其德，则蓄积深厚广大。故名大畜。然所谓利贞不家食吉利涉大川者，非是性外别立修德。乃称性所起之修，全修在性者也。试观乾德之刚，上行居卦之终，而六五能尊尚之。且卦体外止内健，岂非本性大正之道乎？六五以柔中之德，上则养贤师以风天下，下则养贤士以储国用。岂非不家食吉之正道乎？且以柔中之德，应九二天德之刚。刚柔相济，何远不通？岂非利涉大川之正道乎？

《象》曰：天在山中，大畜。君子以多识前言往行，以畜其德。

一山之中具有天之全体，一念心中具摄十世古今。揽五时八教之前言，该六度万德之往行，以成我自心之德。以此自畜，即以此畜天下矣。

吴幼清曰："识，谓记之于心。德大于前言往行，犹天之大于山也。以外之所闻所见，而涵养其中至大之德。犹山在外，而藏畜至大之天于中也。前言往行，象山中宝藏之多。德，象天之大。"

初九。有厉，利己。

《象》曰：有厉利己，不犯灾也。

六爻皆具刚健笃实辉光之义，而自新新民者也。初九阳刚在下，正宜隐居求志。故有惕厉之功，而先利自己。己利既成，任运可以利人。若己躬下事未办，而先欲度人，则犯灾矣。

九二。舆说輹。

《象》曰：舆说輹，无尤也。

刚而得中，专修定慧，似无意于得时行道者，然自利正是利他之本。故中无尤。

九三。良马逐。利艰贞。曰闲舆卫。利有攸往。

《象》曰：利有攸往，上合志也。

刚而得正，居乾之上，不患不能度生也。患其欲速喜进，失于防闲耳。故必利于艰贞，闲其舆卫，乃利攸往。亦以上有六四之良友，六五之贤君，上九之明师，与之合志。必能互相警励。故可往也。

六四。童牛之牿，元吉。

《象》曰：六四元吉，有喜也。

柔而得正。下则应初九刚正之良友，亲九三刚正之畏友。上则近六五柔中之圣君。过端未形，而潜消默化。如童牛未角，先施以牿，更无抵触之患。以此自养，以此为天下式，大善而吉，悦而且乐者矣。

六五。豮豕之牙，吉。

《象》曰：六五之吉，有庆也。

豮，犗也。犗则不暴。，而牙仍坚利也。柔得中位，尊上贤而应下乾。性德既无偏颇，所养又复周足，自利成就，可以君临天下。举天下之善恶众庶，无不入吾陶冶。故如豮豕之牙。

上九。何天之衢，亨。

《象》曰：何天之衢，道大行也。

以刚柔相济之德，当圣君师保之任。隐居所求之志，至此大行无壅。盖不啻行于天衢也。

（颐） ☲ 艮上 震下

颐，贞吉。观颐。自求口实。

约世道，则畜德以养天下。约佛化，则畜德以利群生。约观心。则菩提资粮既积，而长养圣胎也。自利利他，皆正则吉。皆须视从来圣贤之所为颐者何如，皆须自视其所以为口实者何如。

《彖》曰：颐，贞吉。养正则吉也。观颐，观其所养也。自求口实，观其自养也。天地养万物。圣人养贤以及万民。颐之时大矣哉。

养正则吉。明养而非正，正而不养，皆非吉道也。不观圣贤之所养，则无以取法思齐。不观自养之口实，则无以匹休媲美。且如天地全体太极之德以自养，即能普养万物。圣人养贤辅成己德，即可以及万民。谁谓养正之外别有利人之方？故正自养时，即全具位育功能而称大也。

《象》曰：山下有雷，颐。君子以慎言语节饮食。

言语饮食，皆动之象也。慎之节之，不失其止也。故知养正莫善于知止。

初九。舍尔灵龟。观我朵颐。凶。

《象》曰：观我朵颐，亦不足贵也。

阳刚为自养养他之具，知止为自养养他之贞。初九阳刚足以自养。如灵龟服气，可不求食。而居动体，上应六四。观彼口实，反为朵颐，失其贵而凶矣。此如躁进之君子。于佛法中，则如乾慧外凡，不宜利物。

六二。颠颐拂经。于丘颐，征凶。

《象》曰：六二征凶，行失类也。

以上养下，乃理之常。六二阴柔，反借初九之养，拂其经矣。

又居动体，恐或不肯自安，将求颐于六五之丘。五虽与二为应，然亦阴柔，不能自养，何能养人？征则徒得凶耳！两阴无相济之功，故为失类。此如无用之庸臣。于佛法中，则如时证盲禅，进退失措。

六三。拂颐，贞凶。十年勿用。无攸利。

《象》曰：十年勿用，道大悖也。

阴柔不能自养。又不中正。以居动极。拂于颐矣。虽有上九正应，何能救之？终于无用而已。此如邪僻之宰官。于佛法中，则如六群乱众，大失轨范。

六四。颠颐，吉。虎视耽耽。其欲逐逐。无咎。

《象》曰：颠颐之吉，上施光也。

阴柔得正，而居止体。虽无养具，得养之贞者也。下应初九，赖其养以自养养人。此如休休有容之大臣，吉之道也。初方观我而朵颐。我随其视之耽耽，欲之逐逐，以礼而优待之。在初则不足贵，在我则养贤以及万民。可谓上施光矣。于佛法中，则如贤良营事，善为外护。

六五。拂经。居贞吉。不可涉大川。

《象》曰：居贞之吉，顺以从上也。

阴柔无养人之具。空居君位，故名拂经。居止之中，顺从上九。此亦养贤以及万民，为得其正者也。但可处常，不可处变。宜守成，不宜创业耳。此如虚己之贤君。于佛法中，则如柔和同行，互相勉勖。

上九。由颐，厉吉。利涉大川。

《象》曰：由颐厉吉，大有庆也。

以阳刚居止极，卦之所以为颐者此也。此如望隆之师保，可以拯济天下者矣。于佛法中，则如证道教授，宰任玄纲。

（大过）兑上
巽下

大过。栋挠。利有攸往。亨。

约世道，则贤君以道养天下，而治平日久。约佛化，则四依以道化群生，而佛法大行。约观心，则功夫胜进而将破无明也。夫治平既久，则乱阶必萌，所宜防微杜渐。化道既盛，则有漏易生，所宜陈规立矩。功夫既进，则无明将破，所宜善巧用心也。

《彖》曰：大过。大者过也。栋挠，本末弱也。刚过而中。巽而说行。利有攸往，乃亨。大过之时大矣哉。

大者既过，所以必当思患豫防。初上皆弱，所以刚中，不宜恃势令挠。刚虽过而得中，又以巽顺而悦行之。所以犹有挽回匡济之术，乃得亨也。永保无虞亦在此时，盛极忽衰亦在此时。其关系岂不大哉！

《象》曰：泽灭木，大过。君子以独立不惧，遁世无闷。

泽本养木，而反灭木。大过之象也。惟以独立不惧遁世无闷之力持之。庶学有本而养有素，可以砥柱中流耳。

初六。藉用白茅，无咎。

《象》曰：藉用白茅，柔在下也。

世法佛法，当大过时，皆以刚柔相济为得，过刚过柔为失。今初六以柔居巽体之下，而在阳位。无功名富贵以累其心，唯庸德庸言下学上达以为其务者也。约佛法者，定有其慧。兼以戒德精严。故无咎。

九二。枯杨生稊。老夫得其女妻。无不利。

《象》曰：老夫女妻，过以相与也。

刚而得中，又居阴位，阳得阴助，如枯杨生稊老夫女妻之象。

盖过于下贤者也。约佛法者，慧与定俱。如先见道，后修事禅。故无不利。

九三。栋挠，凶。

《象》曰：栋挠之凶，不可以有辅也。

过刚不中。任其刚愎。以此自修，则德必败。以此治世，则乱必生。故栋挠而凶。约佛法者，纯用邪慧。故不可有辅。

九四。栋隆，吉。有它吝。

《象》曰：栋隆之吉，不挠乎下也。

刚而不过，足以自立立人。但居悦体，恐其好大喜功而不安守。故诫以有它则吝。约佛法者。亦是慧与定俱。但恐夹杂名利之心，则自利利他未必究竟。故诫以有它则吝。

九五。枯杨生华。老妇得其士夫。无咎无誉。

《象》曰：枯杨生华，何可久也。老妇士夫，亦可丑也。

虽云阳刚中正，然在大过之时，则是恃其聪明才智者也。享成平之乐，不知民事艰难。且不知下用贤臣，惟与上六阴柔无用之老臣相得。何能久哉？约佛法者，慧力太过，无禅定以持之。何能发生胜果？

上六。过涉灭顶，凶。无咎。

《象》曰：过涉之凶，不可咎也。

居过极之地，惟有柔正之德，而无济难之才。故不免于凶，而实非其咎也。约佛法者。正定无慧，终为顶堕。

（坎）☵ 坎上
　　　　坎下

习坎，有孚。维心亨。行有尚。

约世道，则太平久而放逸生，放逸生而患难洊至。约佛法，则从化多而有漏起，有漏起而魔事必作。约观心，则慧力胜而夙习动，夙习动而境发必强。皆习坎之象也。然世出世法，不患有重沓之险难，但患无出险之良图。诚能如此卦之，中实有孚，深信一切境界皆唯心所现，则亨而行有尚矣。又何险之不可济哉？

《彖》曰：习坎，重险也。水流而不盈。行险而不失其信。维心亨，乃以刚中也。行有尚，往有功也。天险不可升也。地险山川丘陵也。王公设险以守其国。险之时用大矣哉。

善观心者，每即塞以成通。夫习坎虽云重险，然流而不盈，潮不失限。何非吾人修道之要术。所贵深信维心之亨，犹如坎卦之刚中一般。则以此而往，必有功矣。且险之名虽似不美，而险之义实未尝不美。天不可升，天非险乎？山川丘陵，地不险乎？城池之险以守其国，王公何尝不用险乎？惟在吾人善用险，而不为险所用。则以此治世，以此出世，以此观心，无不可矣。

《象》曰：水洊至，习坎。君子以常德行，习教事。

常德行，即学而不厌也。习教事，即诲人不倦也。习坎之象，乃万古圣贤心法。奚险之可畏哉？此正合台宗善识通塞，即塞成通之法。亦是巧用性恶法门。

初六。习坎。入于坎窞，凶。

《象》曰：习坎入坎，失道凶也。

在险之时，不论自利利他，唯贵有孚而定慧相济。今初六以阴居下，毫无孚信之德，乃汨没于恶习而不能自出者也。

九二。坎有险。求小得。

《象》曰：求小得，未出中也。

刚中有孚，但居下卦，则夙习尚深，未能顿达圣境，仅可小得而已。

六三。来之坎坎。险且枕。入于坎窞。勿用。

《象》曰：来之坎坎，终无功也。

不中不正，柔而志刚。自谓出险，不知前险之正来。此如邪见增上慢人，故终无功。

六四。樽酒簋贰。用缶。纳约自牖。终无咎。

《象》曰：樽酒簋贰，刚柔际也。

柔而得正，与九五之中正刚德相与。所谓因定发慧，正出险之妙道也。正观如酒，助道如簋，诚朴如缶，方便道如牖。从此可发真而无咎矣。

九五。坎不盈。祇既平。无咎。

《象》曰：坎不盈，中未大也。

阳刚中正，已得出世真慧现前。如坎之不盈，而风恬浪静也。但初破无明，余惑未尽。故中未大，此勉其速趣极圣而已。

上六。系用徽纆。寘于丛棘。三岁不得。凶。

《象》曰：上六失道，凶三岁也。

阴居险极，有定无慧。如凡外痴定，极至非想，终不脱三界系缚。而见取既深，犹如寘于丛棘。永不得免离也。

（离）　离上
　　　　离下

离，利贞亨。畜牝牛吉。

火性无我，丽附草木而后可见。故名为离。约世道，则重险之时，必丽正法以御世。约佛法，则魔扰之时，必丽正教以除邪。约观心，则境发之时，必丽正观以销阴。故皆利贞则亨也。牝牛柔顺而多力，又能生育犊子，喻正定能生妙慧。

《彖》曰：离，丽也。日月丽乎天。百谷草木丽乎土。重明以丽乎正，乃化成天下。柔丽乎中正，故亨。是以畜牝牛吉也。

如日月必丽天，如百谷草木必丽土。吾人重明智慧，亦必丽乎性德之正。则自利既成，便可以化天下矣。夫智慧光明，必依禅定而发。禅定又依理性而成。今六五六二，丽乎中正之位，故有亨道。如牝牛能生智慧犊子而吉也。吴幼清曰："上卦为重明。下卦三爻皆丽乎正。"

《象》曰：明两作离。大人以继明照于四方。

明而又明，相续不息。自既克明其德，便足以照四方矣。

初九。履错然。敬之。无咎。

《象》曰：履错之敬，以辟咎也。

用观之始，虽有正慧，而行履未纯。故常若错然之象。惟兢兢业业，不敢自安，则德日进而习日除，可辟咎矣。岂俟咎之生而后除哉？

六二。黄离。元吉。

《象》曰：黄离元吉，得中道也。

中正妙定，称性所成。以此照一切法，使一切法皆成中道。乃绝待圆融之妙止也。

九三。日昃之离。不鼓缶而歌。则大耋之嗟。凶。

《象》曰：日昃之离，何可久也。

过用其慧，而无定以济之。有时欢喜太甚，则鼓缶而歌。有时忧虑太切，则大耋之嗟。悲欢乱其衷曲，乾慧不能自持，其退失也必矣。

九四。突如其来如。焚如，死如，弃如。

《象》曰：突如其来如，无所容也。

虽似有慧有定，而实不中不正，不能调适道品。故时或精进，则失于太速，而突如其来如。时或懈怠，则置诸罔觉，而焚如死如弃如也。夫进锐者退必速。其来既突，则决无所容矣。又何俟于焚死弃，而后知其非善终之道哉？

六五。出涕沱若。戚嗟若。吉。

《象》曰：六五之吉，离王公也。

得中之定，能发实慧，进德固无疑矣。然尧舜其犹病诸？文王望道未见，伯玉寡过未能，孔子圣仁岂敢？从来圣贤之学皆如是也。

上九。王用出征。有嘉折首。获匪其丑。无咎。

《象》曰：王用出征，以正邦也。

刚而不过，又居明极。自利已成，化他有术。人自归慕而折首，非有丑恶而须伐也。身正则邦正。邦正，则六合归心，重译奉命矣。是之谓王用出征，岂以奋武扬威为出征哉？

周易禅解卷五

下经之一

《上经》始乾坤而终坎离，乃天地日月之象，又寂照定慧之德也。是约性德之始终。《下经》始咸恒而终既济未济，乃感应穷通之象。又机教相叩，三世益物之象也。是约修德之始终。又《上经》始于乾坤之性德，终于坎离之修德，为自行因果具足。《下经》始于咸恒之机教，终于既济未济之无穷，为化他能所具足。此二篇之大旨也。

（咸）兑上艮下

咸，亨，利贞。取女吉。

艮得乾之上爻而为少男，如初心有定之慧，慧不失定者也。兑得坤之上爻而为少女，如初心有慧之定，定不失慧者也。互为能所，互为感应。故名为咸。约世道，则上下之相交。约佛法，则众生诸佛之相叩。约观心，则境智之相发。夫有感应，必有所通。但感之与应皆必以正。如世之取女，必以其礼，则正而吉矣。

《彖》曰：咸，感也。柔上而刚下。二气感应以相与。止而说。男下女。是以亨利贞取女吉也。天地感而万物化生。圣人感人心而天下和平。观其所感，而天地万物之情可见矣。

咸何以为感哉？下卦坤体之柔，上于六而成兑。上卦乾体之刚，下于三而成艮。乃天地之二气感应以相与也。又艮止而兑说。以男而下女，此感应之正。所以吉也。约佛法者，艮为生，兑为佛。众生感佛既专，则佛说法应之。约观心者，艮为观，兑为境。观智研境既专，则境谛开发而得悦矣。世出世法，皆以感而成事。故可以见天地万物之情。

《象》曰：山上有泽，咸。君子以虚受人。

慢如高山，法水不停，今山上有泽，岂非以其虚而能受哉！

初六。咸其拇。

《象》曰：咸其拇，志在外也。

咸虽感而遂通，须不违其寂然不动之体。又须善识时位之宜。倘因感而摇其主宰，则反失能应之本矣。大概感应之道，互为能所。然下三爻既居止体，且在下位，故皆不宜妄应于他。上三爻既居悦体，且在上位，故皆宜善应于物。今初六以阴居下，而为九四所感，未免脚指先动。夫用行舍藏原无定局，时止则止，时行则行。行得其当则吉。不得其当则凶。故未可判定是非。即所谓志在外者亦自不同。若志在天下，不顾身家，则吉。若志在利名，不顾心性，则可羞矣。

六二。咸其腓。凶。居吉。

《象》曰：虽凶居吉，顺不害也。

阴柔中正，而为九五所感。倘躁妄欲进则凶，惟安居自守则吉。盖安居自守，乃顺乎柔中之道而不害也。

九三。咸其股。执其随。往吝。

《象》曰：咸其股，亦不处也。志在随人，所执下也。

以刚正居止极，而为上六所感，未免惓惓以利生为务。不知欲利他者，先须自利成就。若一被顺境所牵，则顿失生平所养，亦可羞也。

九四。贞吉，悔亡。憧憧往来。朋从尔思。

《象》曰：贞吉悔亡，未感害也。憧憧往来，未光大也。

刚而不过，定慧齐平，得感应之正道。故吉而悔亡。见其己心他心，互含互摄，有憧憧往来之象。既以心为感应之本，则凡有血气莫不尊亲。有朋从尔思之象。惟其得感应之正，虽终日感而不违其寂然不动之体，故未感害也。惟其悟一心之往来，虽知本自何思何虑，而还须精义入神以致用，利用安身以崇德，穷神知化以深造于不可知之域。故未肯遽以现前所证为光大也。

九五。咸其脢，无悔。

《象》曰：咸其脢，志末也。

阳刚中正而居悦体，如艮其背不获其身，行其庭不见其人之象。乃允合于寂然不动感而遂通之妙，故得毫无过失可悔。而善始善终，证于究竟，名为志末。末，犹终也。

上六。咸其辅颊舌。

《象》曰：咸其辅颊舌，滕口说也。

柔而得正为兑之主。内依止德，外宣四辩，为咸其辅颊舌之象。说法无尽，诲人不倦。故曰滕口说也。然初之咸拇，上之咸舌，皆不言吉凶者。以初心初步，有邪有正，事非一概。说法利生，亦有邪有正，辙非一途故也。观于《彖辞》"亨"及"利贞"之诫，则思过半矣。

（恒）震上 巽下

恒，亨。无咎。利贞。利有攸往。

夫感应之机，不可一息有差。而感应之理，则亘古不变者也。依常然之理而为感应，故泽山得名为咸。依逗机之妙而论常理，故雷风得名为恒。泽山名咸，则常即无常。雷风名恒，则无常即常。又咸是泽山，则无常本常。恒是雷风，则常本无常。二鸟双游之喻，于此亦可悟矣。理既有常，常则必亨，亦必无咎。但常非一定死执之常，须知有体有用。体则非常非无常，用则双照常与无常。悟非常非无常之体，名为利贞。起能常能无常之用，名利有攸往也。

《彖》曰：恒，久也。刚上而柔下。雷风相与。巽而动。刚柔相应。恒。恒亨无咎利贞，久于其道也。天地之道，恒久而不已也。利有攸往，终则有始也。日月得天而能久照。四时变化而能久成。圣人久于其道而天下化成。观其所恒。而天地万物之情可见矣。

恒何以名久？以其道之可久也。震体本坤，则刚上而主之。巽体本乾，则柔下而主之。此刚柔相济之常道也。雷以动之，风以鼓之，此造物生成之常道也。巽于其内，动于其外，此人事物理之常道也。刚柔相应，此安立对待之常道也。久于其道，即名为贞，便可亨而无咎。天地之道亦若是而已矣。始既必终，终亦必始，始终相代故非常。始终相续故非断。非断非常，故常与无常二义俱成。天地则有成住坏空，日月则有昼夜出没，四时则有乘除代谢。圣道则有始终体用。皆常与无常二义双存。而体则非常非无常，强名为恒者也。

《象》曰：雷风恒。君子以立不易方。

方者，至定而至变，至变而至定者也。东看则西，南观成北，不亦变乎？南决非北，东决非西，不亦定乎？立不易方，亦立于至变至定至定至变之道而已。

初六。浚恒，贞凶。无攸利。

《象》曰：浚恒之凶，始求深也。

夫居咸者，每患无主静之操持。而居恒者，每患无变通之学问。今初六以阴居下，知死守而不知变通。求之愈深，愈失亨贞攸往之利。故凶。

九二。悔亡。

《象》曰：九二悔亡，能久中也。

以刚居柔，且在中位，不偏不倚，无适无莫。乃久于中道，非固执不通之恒。故悔亡也。

九三。不恒其德。或承之羞。贞吝。

《象》曰：不恒其德，无所容也。

过刚不中，以应上六。未免宜久而不肯久，正与初六相反。然过犹不及。且阳刚而反不恒，尤可羞矣。张慎甫曰：三之不恒。借口圆融变通而失之者也。

九四。田无禽。

《象》曰：久非其位，安得禽也。

四为震主，恒于动者也。动非可久之位，安能得禽？盖静方能有获耳。

六五。恒其德贞。妇人吉。夫子凶。

《象》曰：妇人贞吉，从一而终也。夫子制义，从妇凶也。

柔中而应九二之贤，似得恒之正者。然大君宰化导之权，乃绝无变通阖辟之用。不几为妇道乎？

上六。振恒，凶。

《象》曰：振恒在上，大无功也。

阴居动极。志大而才小，位尊而德薄。且下应九三不恒之友，其何以济天下哉？王安石方孝孺似之。

（遯）☰ 乾上 ☶ 艮下

遯，亨。小利贞。

夫世间之道，久则必变而后通，进则必退而后久。此卦刚而能止，是不以进为进，而正以退为进者也。故亨。然说一退字，便有似于自利之小道矣。若充此小道，不几失立人达人之弘规乎？故诚以小利贞。言虽示同小道，而终利于大人之贞也。

《彖》曰：遯，亨。遯而亨也。刚当位而应，与时行也。小利贞，浸而长也。遯之时义大矣哉！

尺蠖尚屈而后申，龙蛇亦蛰而后震。君子之学，欲自利利他者，岂不以遯而得亨哉？且九五刚当其位，以应六二之贤。乃与时偕行之道，所以亨也。所言小利贞者，虑其阴柔自守之志，渐渐浸而长也。夫善遯者，则退正所以为进。不善遯者，则退竟终于不进矣。所关顾不大哉！

《象》曰：天下有山，遯。君子以远小人，不恶而严。

外健内止，未尝有意于远小人，而小人自不能媚也。以小人为用，故不恶。小不能擅权，故而严。约圣学者，天君为主，百骸听命，耳目口腹之欲不能为乱也。

初六。遯尾厉。勿用有攸往。

《象》曰：遯尾之厉，不往何灾也。

处遯之时，须随其德位以为进退，方不失亨贞之道。今初六阴柔居下。才位俱卑，惟固守为宜，不可妄往以取灾也。此如乐正裘牧仲。

六二。执之用黄牛之革。莫之胜说。

《象》曰：执用黄牛，固志也。

柔顺中正，非荣名利禄之所能牵。上应九五刚健中正之君以行其志。国有道，不变塞焉。故象以执用黄牛之革。此如伊尹。

九三。系遁。有疾厉。畜臣妾吉。

《象》曰：系遁之厉，有疾惫也。畜臣妾吉，不可大事也。

刚而得正，可以有为。而居止极，则未免为遁之一字所系。此绝人忘世之道，君子之疾也。然虽不能大有所为，亦须厉勉其精神以畜臣妾则吉。所谓不能治国，亦且齐家以为天下风可也。丈人现二子于子路，亦是此意。但无援天下之大手段耳。

九四。好遁。君子吉。小人否。

《象》曰：君子好遁，小人否也。

以刚居柔，上辅九五，下应初六。承天子之德，抚天下之民。休休有容，君子之吉道，非小人所能学也。此如卫武公。

否本音。

九五。嘉遁，贞吉。

《象》曰：嘉遁贞吉，以正志也。

刚健中正，下应六二阴柔中正之贤。当此遁时，虽有英明神武作略，不自露其才华。遁之嘉美，贞而且吉者也。此如汤王。

上九。肥遁。无不利。

《象》曰：肥遁无不利，无所疑也。

刚而不过，尊居师保之位，望隆于天下，而不自伐其德。故为肥遁而无不利。此如太公。

（大壮）䷡ 震上
　　　　　 乾下

大壮，利贞。

夫退养之功愈密，则精神道德益壮。然大者既壮，不患不能致用，特患恃才德而妄动耳。利贞之诫，深为持盈处满者设也。

《彖》曰：大壮，大者壮也。刚以动，故壮。大壮利贞，大者正也。正大，而天地之情可见矣。

夫人一体之中，有大者，有小者。从其大体为大人，从其小体为小人。今言大壮，乃是大者壮也。刚则非情欲所能挠，动则非旧习所能囿。所以壮也。言利贞者，以大者本自正也。不正何以称大？故正大而天地之情可见矣。约佛法者，天地即表理智，亦表定慧。

《象》曰：雷在天上，大壮。君子以非礼弗履。

非礼弗履。正佛法中所谓悲体戒雷震也。

初九。壮于趾。征凶有孚。

《象》曰：壮于趾，其孚穷也。

虽云大者必正，须知正者乃大。若恃其大以为正，正便成邪。恃其壮以为大，大必不久。恃其正以为壮，壮必有衰。《洪范》所以有"高明柔克"之训，正为此耳。今初九过刚不中，故往则必凶。以其自信自恃，乃必穷之道也。

九二。贞吉。

《象》曰：九二贞吉，以中也。

阳居阴位，刚而不过。又得其中。得中即得正矣。

九三。小人用壮。君子用罔。贞厉。羝羊触藩。羸其角。

《象》曰：小人用壮，君子罔也。

虽本君子，但好刚任壮，未免同于衵金革蹈白刃暴虎冯河之小人。适足取困而已，何能决斯世之藩哉！若真是君子，则势虽壮盛，而不自恃。慊然似罔也已。

九四。贞吉悔亡。藩决不羸。壮于大舆之輹。

《象》曰：藩决不羸，尚往也。

阳居阴位，以柔济刚，得大壮之贞者，所以削平祸乱而不损其神。以此运载天下，无往而不得也。

六五。丧羊于易，无悔。

《象》曰：丧羊于易，位不当也。

柔而得中，故绝无刚壮喜触之态而无悔也。位不当，犹所谓有天下而不与。

上六。羝羊触藩。不能退。不能遂。无攸利。艰则吉。

《象》曰：不能退，不能遂，不详也。艰则吉，咎不长也。

质位俱柔，但有壮名，而无壮义。故无攸利。然善用柔者，正不必慕大壮之虚名，惟艰守其柔克之道。则柔能胜刚，反得吉矣。此劝其不能遂则须退也。

（晋）离上坤下

晋。康侯用锡马蕃庶。昼日三接。

大壮而能贞，则可进于自利利他之域矣。当此平康之世，贤侯得宠于圣君。锡马蕃庶，锡之厚也。昼日三接，接之勤也。观心释者，妙观察智为康侯，增长称性功德为锡马蕃庶，证见法身理体为昼日三接。

《彖》曰：晋，进也。明出地上。顺而丽乎大明。柔进而上行。是以康侯用锡马蕃庶，昼日三接也。

明若未出，不名平康之晋时。不顺不丽，不名晋世之贤侯。不柔不进，不得锡接之蕃数。盖六五之柔即坤全体。坤与合德，故进而上行以丽之也。观心释者，根本实智光明，破无明住地而出，故云明出地上。定与慧俱，止观不二，故云顺而丽乎大明。无明实性即佛性。无明转，即变为明。故柔进而上行。是以功德智慧重重增胜也。

《象》曰：明出地上，晋。君子以自昭明德。

本觉之性名为明德，始觉之功名之为昭，心外无法名之为自。自昭明德，则新民止至善在其中矣。

初六。晋如摧如。贞吉。罔孚。裕无咎。

《象》曰：晋如摧如，独行正也。裕无咎，未受命也。

晋之六爻，皆应自昭明德以新民者也。而时位不同，所养亦异。故吉凶悔吝分焉。初六以阴居阳，定有其慧且居顺体。故可进而晋如。然在卦下，又与鼫鼠为应。非我良朋，则断不宜欲速。故有阻而摧如。夫晋与摧皆外境耳。何与于我？但当守正则吉。纵令一时不足取信，惟宽裕以待之，终无咎矣。言独行正者，自信自肯不求人知之意。言未受命者，犹孟子所谓"命也有性焉，君子不谓命也"之意。

六二。晋如愁如。贞吉。受兹介福。于其王母。

《象》曰：受兹介福，以中正也。

柔顺中正，自昭明德。常切望道未见之愁，正而且吉者也。上与六五王母合德，锡以本分应得之福。故名介福。纵令贵极人臣，非分外也。

六三。众允，悔亡。

《象》曰：众允之，志上行也。

以阴居阳，定有其慧。当晋之时，而在顺体之上。初六所谓罔孚者，裕养至此，众皆允之，而悔亡矣。隐居以求其志，行义以达其道。故曰志上行也。

九四。晋如鼫鼠，贞厉。

《象》曰：鼫鼠贞厉，位不当也。

君子之自昭明德也。外宜晦而内宜明，故暗然而日章。以九居四，则外刚而内柔，外明而内晦者也。如鼫鼠，能飞不能过屋，能缘不能穷木，能游不能度谷，能穴不能掩身，能走不能先人。不亦危乎？

蕅益子曰：子昔初入闽中，见有鬻白兔者，人争以百金买之。未几，生育甚多。其价渐减至一钱许。好事者杀而烹之，臭不可食。遂无人买。博古者云：此非白兔，乃鼫鼠耳。噫。本以贱鼠，谬膺白兔之名！无德居高位者，盖类此矣。

六五。悔亡。失得勿恤。往吉，无不利。

《象》曰：失得勿恤，往有庆也。

以六居五，定有其慧。又为离明之主，得中道而处天位。正所谓自新新民，无所不用其极者也。虽俯乘鼫鼠之九四，仰承晋角之上九，而与坤顺合德。故往接三阴，同成顺丽大明之治，则吉无不利，举世皆蒙其福庆矣。又何失得之可恤哉？

上九。晋其角。维用伐邑。厉吉无咎。贞吝。

《象》曰：维用伐邑，道未光也。

上九亦外刚而内柔，外明而内晦者也。而居晋极，则如兽之角矣。以角触人则凶。维用以自治，如伐邑然，则厉吉而无咎。然不能自治于早，至此时而方自治。虽得其正，不亦吝与？四十五十而无闻焉，斯亦不足畏也已。故曰道未光也。

（明夷） 坤上 离下

明夷，利艰贞。

知进而不知退，则必有伤。夷者，伤也。明入地中。其光不耀。知艰贞之为利，乃所谓用晦而明，合于文王箕子之德矣。

《彖》曰：明入地中，明夷。内文明而外柔顺。以蒙大难。文王以之。利艰贞，晦其明也。内难而能正其志。箕子以之。

文明柔顺，虽通指一卦之德，意在六二。内难正志专，指六五。艰贞晦明，则文王箕子所同也。观心释者，烦恼恶业，病患魔事，上慢邪见，无非圆顿止观所行妙境。

《象》曰：明入地中，明夷。君子以莅众，用晦而明。

宁武子之愚不可及。兵法之以逸待劳，以静制动，以暗伺明，皆明夷之用也。圣学则暗然而日章。

初九。明夷于飞。垂其翼。君子于行。三日不食。有攸往。主人有言。

《象》曰：君子于行，义不食也。

此如太公伯夷之避纣也。先垂其翼，则不露其飞之形。及行之速，则三日而不遑食。盖义当远遁，不欲主人知之而有言耳。

六二。明夷。夷于左股。用拯马壮吉。

《象》曰：六二之吉，顺以则也。

文明中正之德。当此明夷之时，虽左股业已受伤，犹往拯救。唯马壮故吉耳。羑里既囚之后，仍率三分天下之二以服事殷。顺而不忤。诚万古人臣之则也。

九三。明夷于南狩。得其大首。不可疾贞。

《象》曰：南狩之志，乃大得也。

以刚居刚，在离之上，夜尽将旦之时也。正与上六暗主为应。如武王伐纣，得其大恶之首。然以臣伐君，事不可疾，当持之以贞耳。《象》云"南狩之志"，犹孟子所云"有伊尹之志则可，无伊尹之志则篡"也。辞义凛然。

六四。入于左腹。获明夷之心。于出门庭。

《象》曰：入于左腹，获心意也。

已居坤体，入暗地矣。柔而得正，稍远于上，故犹可获明夷之心而出门庭。如微子抱祭器以行遁。但出门庭，逊于荒野，非归周也。

六五。箕子之明夷，利贞。

《象》曰：箕子之贞，明不可息也。

迫近暗君，身已辱矣。外柔内刚，居得其中。用晦而明，明照万古。《洪范》《九畴》之灯，谁能息之？

上六。不明晦。初登于天。后入于地。

《象》曰：初登于天，照四国也。后入于地，失则也。

以阴居阴，处夷之极。初称天子，后成独夫者也。盖下五爻皆明而示晦，故能用晦而明。此则不明而晦，故失则而终入地耳。

（家人） 巽上 离下

家人，利女贞。

欲救天下之伤，莫若反求于家庭。欲正家庭之化，莫若致严于女贞。牝鸡之晨，维家之索，不可以不诫也。

佛法释者：观行被魔事所扰，当念唯心。唯心为佛法之家。仍须以定资慧，以福助智，以修显性。名利女贞。

《彖》曰：家人。女正位乎内。男正位乎外。男女正，天地之大义也。家人有严君焉，父母之谓也。父父子子。兄兄弟弟。夫夫妇妇。而家道正。正家，而天下定矣。

佛法释者：禅定持心，则内冥法体。智慧了境，则外施化用。修德之定慧平正，本乎性德之寂照不二也。在因名男女，在果名父母。既证果德，十界归仰，故名严君。性修不滥，名父父子子。真俗并照，名兄兄弟弟。福慧互资，名夫夫妇妇。一世界清净故。十方世界皆悉清净。名正家而天下定也。

《象》曰：风自火出，家人。君子以言有物而行有恒。

火因风鼓，而今风自火出。犹家以德化，而今德从家播也。有物则非无实之言，有恒则非设饰之行。所以能刑于寡妻，至于兄弟，以御于家邦耳。佛法亦然。律仪清净，则可以摄善摄生矣。

初九。闲有家。悔亡。

《象》曰：闲有家，志未变也。

以刚正居有家之初，即言有物行有恒以闲之，则可保其终不变矣。

佛法释者：即是增上戒学。

六二。无攸遂。在中馈。贞吉。

《象》曰：六二之吉，顺以巽也。

阴柔中正，而为内卦之主。故每事不敢自专自遂，唯供其中馈之职而已。

佛法释者：即是增上定学。

九三。家人嗃嗃，悔厉吉。妇子嘻嘻，终吝。

《象》曰：家人嗃嗃，未失也。妇子嘻嘻，失家节也。

过刚不中，似失于严厉者。然以治家正道观之，则未失而仍吉。倘畏其悔厉，而从事于嘻嘻。始似相安，终以失家节而取吝矣。

佛法释者：即是增上慧学。

六四。富家大吉。

《象》曰：富家大吉，顺在位也。

阴柔得正，为巽之主。所谓生财有大道者也。

佛法释者：即缘因善心发，富有万德，名为解脱。

九五。王假有家。勿恤吉。

《象》曰：王假有家，交相爱也。

假，大也。《书》云"不自满假"。《诗》云"假以溢我"，又曰"假哉皇考"。皆取大义。九五阳刚中正，而居天位，以六合为一家者也。大道为公，何忧恤哉！乐民之乐者，民亦乐其乐。故交相爱。

佛法释者：正因理心发，性修交彻，显法身德。

上九。有孚威如，终吉。

《象》曰：威如之吉，反身之谓也。

刚而不过。居巽之上，卦之终。其德可信，故不猛而威如。所谓"其仪不忒正是四国"者也。

佛法释者：了因慧心发，称理尊重，名般若德。

(睽) ䷥ 离上
兑下

睽，小事吉。

夫善修身以齐家者，则六合可为一家。苟齐之不得其道，则一家之中睽隔生焉。如火与泽，同在天地之间，而上下情异。又如二女，同一父母所生，而志不同行。是岂可以成大事乎？姑任其火作火用，泽作泽用。中女适张，小女适李可耳。观心者亦复如是。出世禅定，世间禅定，一上一下。所趣各自不同，圆融之解未开，仅可取小证也。

《彖》曰：睽。火动而上。泽动而下。二女同居。其志不同行。说而丽乎明。柔进而上行。得中而应乎刚。是以小事吉。天地睽，而其事同也。男女睽，而其志通也。万物睽，而其事类也。睽之时用大矣哉。

火泽因动，则上下势睽，静则未始上下也。二女因行，则其志不同，居则未始不同也。故曰吉凶悔吝生乎动。虽然，世岂能有静而无动，有居而无行哉？今此卦以兑说而附丽乎离明，六五又以柔为离主，进而上行，且得中位，下应九二之刚。是以小事可获吉也。此亦文王曲就人情被睽所局而言之耳。若充此睽之理性，以尽睽之时用，则天地睽则其事同，男女睽而其志通，万物睽而其事类。有何一法不摄于睽，有何一法不从睽出哉！盖于同起睽，则其吉小。于睽得同，则其用大也。

佛法释者：寂照一体，名天地睽而其事同。止观双行，名男女睽而志通。万行不出正助二行，二行不离性具。如万物不出阴阳二爻，二爻不离太极。名万物睽而事类。

《象》曰：上火下泽，睽。君子以同而异。

离得坤之中爻，泽得坤之上爻。其性同也。火则炎上，泽则润下。其相异也。观相元妄，则相异而性亦似异矣。观性元真，则性同而相亦本同矣。惟君子知其以同而异，故不以异而昧同也。知异本同，故六而常即，不生退屈。知同而异，故即而常六，不生上慢。知异本同，故冥契真源。知同而异，故云兴万行。知异本同，故上无佛道可成，下无众生可度。知同而异，故恒庄严净土，教化诸众生。知异本同，故生死及涅槃，二俱不可得。知同而异，故或游戏生死。或示现涅槃。

初九。悔亡。丧马勿逐，自复。见恶人，无咎。

《象》曰：见恶人，以辟咎也。

刚正无应，居睽之初。信此以往，则无过而悔亡矣。纵令丧马，不必逐之，马当自复。劝其勿以得失乱吾神也。纵遇恶人，不妨见之，可以无咎。劝其勿以善恶二吾心也。如孔子见季康子见南子见阳货等，皆所以辟咎耳。岂真有所利之也哉！盖凡得失之念稍重，善恶之心太明，则同者必异，异者必不可同。惟率其刚正之天德，则得失泯，善恶融。虽居睽世而悔亡矣。

九二。遇主于巷。无咎。

《象》曰：遇主于巷，未失道也。

刚而得中，上应六五柔中之主。而当此睽时，近与六三相邻，五必疑其遇三而舍己也。故须委曲明其心事，如遇主于巷焉。夫君臣相遇，万古常道，岂以于巷而谓之失哉？

六三。见舆曳。其牛掣。其人天且劓。无初有终。

《象》曰：见舆曳，位不当也。无初有终，遇刚也。

本与上九为应，而当睽之时，不中不正，陷于九二九四两阳之间，其迹有可疑者。夫二自遇主于巷，四亦自遇元夫，何尝有意污我？我无中正之德，而自疑焉。故妄见其舆若曳，其牛若掣，而不敢往从上九。且自谓我之为人，必当被上九之天所劓，不得通其贞洁之情。如此，则无初矣。但睽极必合。心迹终必自明。赖遇上九之刚，后说弧以待之。故有终也。

九四。睽孤。遇元夫。交孚。厉，无咎。

《象》曰：交孚无咎，志行也。

睽必有应，乃可相济。二与五应，三与上应，四独无应者也。故名睽孤。然初九刚正在下，可以济睽。当此之时，同德相信，互相砥砺，可以行其济睽之志而无咎矣。盖君子深知以同而异，故阴与阳异而相应亦可，阳与阳同而相孚亦可耳。

六五。悔亡。厥宗噬肤。往何咎。

《象》曰：厥宗噬肤，往有庆也。

六五乃九二之主也，阴柔不正，反疑二之遇于三焉。以其居中，则猜忌未深。终与二合，故得悔亡。圣人又恐其踌躇未决也，故明目张胆而告之曰：厥宗上九，已说弧以待六三，其相合如噬肤矣。尔往从九二于巷，有何咎哉？孔子更为之鼓舞曰：不惟无咎，且君臣相合，睽终得济而有庆也。

上九。睽孤。见豕负涂。载鬼一车。先张之弧。后说之弧。匪寇婚媾。往遇雨则吉。

《象》曰：遇雨之吉，群疑亡也。

上九与六三相应，本非孤也。睽而未合，则有似乎孤矣。三本不与二四相染，而其迹似污，故见豕负涂也。二四各自有遇，本无心于染三，而虚妄生疑，故载鬼一车也。先则甚疑，故张弧而欲射之。后疑稍缓，故说弧而往视之。逮见其果非与寇结为婚媾，于是释然如云既雨而吉矣。既不疑三，亦不疑二与四，故群疑亡。

统论六爻，惟初九刚正最善济睽，余皆不得其正。故必相合乃有济也。

佛法释者：惟根本正慧，能达以同而异，故即异而恒同。否则必待定慧相资，止观双运，乃能舍异生性入同生性耳。

（蹇） 坎上 艮下

蹇利西南。不利东北。利见大人。贞吉。

大凡乖异不合，则所行必多阻难。然正当阻难时，岂无拯难良策哉？往西南，则说也，顺也，明也。拯难之要道也。往东北，则止也，险也。益其蹇而已矣。惟大人能济蹇，惟正道能出蹇。蹇，故可以动心忍性，增益其所不能，而吉。

《彖》曰：蹇，难也。险在前也。见险而能止。知矣哉。蹇利西南，往得中也。不利东北，其道穷也。利见大人，往有功也。当位贞吉，以正邦也。蹇之时用大矣哉。

愚者汩于情欲之私，虽有不测之险临其前，盲无见也。况能止哉？能止，不惟不陷于险，从此必求出险之良策矣。安得非智？本以东北之坎艮，往就西南之离兑与坤。故刚柔相济而得其中。若守此东北，则终于险，终于止而已矣。惟九五阳刚中正，当大人之位，以拯邦国之蹇。故往见之者，必有拯蹇之功。然爻中独上六明利见大人，余不言者，见大人亦待其时。时止则止，时行则行。蹇之时用，即全体大《易》之时用也。六十四卦皆尔。每于人所忽者一提醒之云尔。

《象》曰：山上有水，蹇。君子以反身修德。

山本毓泉，宜涵而不宜泛。今水流于上，使人不能厝足。此乃山有缺陷，非水之过也。君子知一切险难境界，惟吾心自造自现。故不敢怨天尤人。但反身以修其德。如治山者，培其缺陷，则水归涧壑，而不复横流矣。

初六。往蹇来誉。

《象》曰：往蹇来誉，宜待也。

蹇以见险能止为知，故诸爻皆诫其往而许其来。来即反身修德之谓也。初六见险即止，知机而不犯难。其反身修德功夫最早，故可得誉。夫岂逡巡畏缩也哉？理宜修德以待时耳。

六二。王臣蹇蹇。匪躬之故。

《象》曰：王臣蹇蹇，终无尤也。

阴柔中正，反躬无怍，而上应九五阳刚中正之君。方居险地，安得不蹇其蹇以相从事。然诸爻皆以能止为知，而此独不然者，正所谓事君能致其身，公尔忘私。故虽似冒险，终无尤也。《易读》曰："匪躬正本反身来，平日能反身以体蹇，才能临时匪躬以济蹇。"

九三。往蹇来反。

《象》曰：往蹇来反，内喜之也。

九三为艮之主，刚而得正，见险能止者也。既知往则必蹇，故来而反身修德，则内二爻无不喜之。

六四。往蹇来连。

《象》曰：往蹇来连，当位实也。

已入坎体，其蹇甚矣。然设能来而反身修德，则犹可连于艮之三爻而获止也。阴本不实，故来连于当位而实之九三也。

九五。大蹇朋来。

《象》曰：大蹇朋来，以中节也。

居坎之中，蹇之大者也。刚健中正，六二应之。故得朋来共济大蹇。然非朋之能来助我，实由我之中道足为拯蹇节则。故上下诸爻皆取节则于我耳。释迦出五浊世，得无上菩提，为一切众生说难信法。其真能为甚难希有之事者乎？

上六。往蹇来硕。吉。利见大人。

《象》曰：往蹇来硕，志在内也。利见大人，以从贵也。

阴柔居险极，岂可更有所往？亦惟来而反身修德则硕吉耳。硕者，实也，大也。吉之所以能实大者，以利见九五大人故也。君子求诸己，故志在内则吉。辅世长民莫如德，故利见为从贵。此指天爵为贵，非徒以人爵也。须跋陀罗最后见佛得度，其硕吉之谓乎？

（解） 震上 坎下

解利西南。无所往。其来复吉。有攸往，夙吉。

世间之局，未有久塞窒而不释散者。方其欲解，则贵刚柔相济。故利西南。及其既解，则大局已定，更何所往？唯来复于常道而已。设有所往，皆当审之于早。不审辄往，凶且随之。宁得吉乎？此如良将用兵，只期归顺。良医用药，只期病除。观心修证，只期复性。别无一法可取着也。

《彖》曰：解。险以动。动而免乎险，解。解利西南，往得众也。其来复吉，乃得中也。有攸往夙吉，往有功也。天地解而雷雨作。雷雨作而百果草木皆甲拆。解之时大矣哉。

险在前则宜止。险在下，则可动以免之。此皆时节因缘之道，不可得而强也。西南为坤，故往则得众。来复东北，不过于柔。故乃得其中。早鉴事机，故往可有功。如天地之雷雨作，亦因夙得其时。故百果草木皆甲拆耳。观心释者，兼修禅定，为利西南。万行显发，为往得众。不舍正观，名为来复。证于法身，为乃得中。有攸往而利生，必须夙能鉴机则吉。说法不虚，为往有功。性修融合，为天地解。悲体戒雷震，澍甘露法雨。则世出世果，三草二木，各得以时生长熟脱。非佛菩萨何能用此解之时哉？

《象》曰：雷雨作，解。君子以赦过宥罪。

误犯之过，则直赦之，令其自新。轻重诸罪，亦宽宥之，令得末减。

佛法释者：即作法取相无生三种忏法，令人决疑出罪。又观心释者，即是端坐念实相，销灭众罪也。

初六。无咎。

《象》曰：刚柔之际，义无咎也。

解则阴阳和矣，而以六居初，上应九四。适当其际，故义无咎。

九二。田获三狐。得黄矢。贞吉。

《象》曰：九二贞吉，得中道也。

以刚中而上应六五，本自无可狐疑。六三不中不正，意欲乘我，象如三狐。我田猎而获除之，得与六五柔中相合，此正而吉者也。黄为中色，矢喻直道。得其中直之道，故除疑而应乎贞矣。

六三。负且乘。致寇至。贞吝。

《象》曰：负且乘，亦可丑也。自我致戎，又谁咎也。

阴柔不中不正，自无应与。上思负四，下欲乘二，不知其非道也。是故二以为狐而田之，四以为拇而解之，五以为小人而退之，上以为隼而射之。不亦至可羞乎？

九四。解而拇。朋至斯孚。

《象》曰：解而拇，未当位也。

三在四下，欲负于四。故四以三为拇。四未当位，不如九二刚中。故二自能田获三狐以从五。四必待二之至，始信拇之宜解也。二与四皆阳类，故名为朋。

六五。君子维有解，吉。有孚于小人。

《象》曰：君子有解，小人退也。

五与二为正应，而三且思乘二，则五不能无疑于二矣。赖九二之君子，刚而得中，决能解去六三，上从于我而吉。但观六三之退，则信九二之有解矣。

上六。公用射隼于高墉之上。获之。无不利。

《象》曰：公用射隼，以解悖也。

隼高飞而善挚，以喻负且乘之六三也。当解之时，人人乐为君子。独六三悖理飞挚。二虽田之，四虽解之。以皆各有正应，不同上六之在局外。又阳与阴情必相得，故或以为狐，或以为拇。不如上六之绝无情系，直以为隼。且居卦终。则公侯之位也。柔而得正，则藏器于身，待时而动者也。故获之而无不利。

观心释六爻者，六三即所治之惑，余五爻皆能治之法也。初以有慧之定，上应九四有定之慧，惑不能累，故无咎。九二以中道慧，上应六五中道之定，而六三以世间小定小慧，乘其未证窃思乱之。故必猎退狐疑，乃得中直正道。六三依于世禅，资于世智，起慢起见，妄拟佛祖，故为正道之所对治。九四有定之慧固能治惑，以被六三见慢所负，且未达中道。故必待九二中道之慧，始能解此体内之惑。六五以中道定，下应九二中道之慧。慧能断惑，则定乃契理矣。上六以出世正定，对治世禅世智邪慢邪见。故无不利。

（损） ䷨ 艮上 兑下

损，有孚。元吉。无咎。可贞。利有攸往。曷之用，二簋可用享。

难既解矣。相安于无事，必将剥民以奉君。此世道之损也。惑既治矣，从此增道损生。此观心言损也。且以世道言之，凡为上者，必其劳而不怨，欲而不贪。真足以取信于民，则虽损之而元吉无咎。凡为下者，必以可贞之事益上。勿贡谀，勿献异，勿开劳民伤财种种弊端，则利有攸往。盖下事上，犹人事天地鬼神祖宗也。享以其诚，不以其物。虽二簋便可用享，岂以多物为敬哉？观心者，信佛界即九界，故元吉无咎。知九界即佛界，故不动九界而利往佛界，不坏二谛而享于中道也。

《彖》曰：损。损下益上，其道上行。损而有孚。元吉，无咎，可贞。利有攸往。曷之用，二簋可用享。二簋应有时。损刚益柔有时。损益盈虚。与时偕行。

下济为益，上行为损。此圣贤观于天下万世不易之道而立此名也。上必有孚，乃可损下而元吉无咎。下必可贞，乃利有攸往以益上。虽二簋亦可用孚，盖不过各论其时，但贵与时偕行而已。

《象》曰：山下有泽，损。君子以惩忿窒欲。

山下有泽，则山必日损。君子以为吾心之当损者莫若忿欲，故惩忿则如摧山。窒欲则如填壑，俾复于平地而后已也。

初九。已事遄往。无咎。酌损之。

《象》曰：已事遄往，尚合志也。

初与四为正应，宜损我以益四者也。四方阴柔有疾，故宜已我之事，而速往益之，则得无咎。然以刚益柔，但使斟酌得中可耳，勿令过也。以刚正而应柔正，故往则合志。

九二。利贞。征凶。弗损益之。

《象》曰：九二利贞，中以为志也。

九二刚中而不过刚，六五柔中而不过柔，各守其贞可矣。又何须更往益之，以成过犹不及之凶哉？弗损而益，其益乃大。故五有或益以十朋之龟者。

六三。三人行则损一人。一人行则得其友。

《象》曰：一人行，三则疑也。

六三与下二爻，皆损下以益上者也。初二仍阳，三独变而为阴，三人行损一人矣。今以一阴上行而益上九，在我固为国尔亡家。而上九阳刚，反能以弗损之益益我，不亦得其友乎？所以凡事宜专一也。

六四。损其疾。使遄有喜。无咎。

《象》曰：损其疾，亦可喜也。

阴柔不中，疾也。初九已遄来益我，我但资初九以自损其疾，则初有喜而我无咎矣。遄指初九。

六五。或益之十朋之龟。弗克违。元吉。

《象》曰：六五元吉，自上祐也。

柔中虚己以应九二。九二守贞，弗以有形之物益之。故能使天下归心，罔不来益以重宝也。盖人君能虚心用贤，则合于上天。而自上祐之矣。

上九。弗损益之。无咎。贞吉。利有攸往。得臣无家。

《象》曰：弗损益之，大得志也。

上九受六三之益极矣。苟不有以报之，三虽无怨，人必不服，安能无咎？安能贞吉？安能利有攸往？然欲益三，正不必损我也。盖三之为臣，固所谓国尔亡家者。但深鉴其一人独行之诚，则大得其志。而三以为得友矣。是谓弗损益之。

（益） 巽上 震下

益，利有攸往。利涉大川。

损而有孚，则与时偕行，可以致益。此世间盈虚消息之理也。增道损生，则日进于自利利他之域。此观心成益也。攸往以处常，涉川以处变。苟得其益之道，则无不利矣。

《彖》曰：益。损上益下，民说无疆。自上下下，其道大光。利有攸往，中正有庆。利涉大川，木道乃行。益动而巽，日进无疆。天施地生，其益无方。凡益之道，与时偕行。

中正，指九五六二言之。震巽皆属木，故其道可涉川。天施，故坤得其初爻而为震。地生，故乾得其初爻而为巽。然不止于震巽而已。举凡坎离艮兑等，无非天施地生之益。故其益无方，而与时偕行也。益即全体乾坤，全体太极，全体易道。其余六十三卦无不皆然。圣人姑举一隅，令人自得之耳。

佛法释者：损佛界之上，以益九界之下。损己利人，故民说无疆。本高迹下，故自上下下，而其道大光。天行，圣行，名为中正。梵行起于婴病二行，名为木道乃行，放光现瑞以动之，四辩说法以巽之。开圆解以显性德名为天施，立圆行以成修德名为地生。种而熟，熟而脱，番番四悉，名为与时偕行。

《象》曰：风雷益。君子以见善则迁，有过则改。

风以鼓之，迁善之速也。雷以动之，改过之勇也。陆庸成曰："风之入也最微，故片善不遗，纤过必剔。雷之发也最迅，故迁无留念，改无停机。"

初九。利用为大作。元吉无咎。

《象》曰：元吉无咎，下不厚事也。

居益之初，受上益最厚者也。以下位受此厚益，可安然无所事乎？然刚正而为震主，必能大作以致元吉，则无咎矣。苏眉山曰："益之初九，损之上九，皆正受益者也。彼自损而专益我，将以厚责我也。我必有以塞之，故损上九利有攸往。益初九利用大作，然上之有为也其势易，有功则其利倍，有罪则其责薄。下之有为也其势难，有功则利归于上，有罪则先受其责。故元吉而后无咎。以所居者非厚事之地也。"

六二。或益之十朋之龟。弗克违。永贞吉。王用享于帝吉。

《象》曰：或益之，自外来也。

阴柔中正，以受九五阳刚中正之益。惠我以心，而不惠我以物。故能使天下归心，罔不来益我以重宝也。为臣则永贞吉，不可因天祐人助而异其心。为王则用享于帝吉，自新新民而其命维新。《象》曰"自外来者"，明其非心所期，以本无计功谋利之私故也。

六三。益之用凶事。无咎。有孚中行。告公用圭。

《象》曰：益用凶事，固有之也。

不中不正，居下之上，而受上九之击，其击我也，正所以益我也。知凶事之真能益我，则无咎矣。位虽不中，而有孚则为中行，可以告公用圭。公指上九，圭以通信。信通则圭仍还公，不取公之物益我，但取公之击以益我耳。恒人每以凶事为非益，故圣人特明凶事之益固有之。能信凶之为益，则不凶矣。

六四。中行。告公从。利用为依迁国。

《象》曰：告公从，以益志也。

六四与上二爻，皆损上以益下者也。五上仍阳，四独变而为阴，是直以身殉民。岂非迁国之象？岂非中行之道乎？初爻既受我益，刚而得正，有大公之心，方将利用大作以报我，我即以之为依可矣。由其志在益民，故民皆以公心从之。

九五。有孚惠心。勿问元吉。有孚惠我德。

《象》曰：有孚惠心，勿问之矣。惠我德，大得志也。

阳刚中正，应于六二，真实以益下为心者也。惠之以心，则惠而不费，天下咸被其泽。其元吉何必问哉？故能感六二永贞之吉，大得其志，而还报我以好德也。

上九。莫益之。或击之。立心勿恒。凶。

《象》曰：莫益之，偏辞也。或击之，自外来也。

上九本宜损己以益六三者也。因六三不中不正，故不与其益而反击之。三固得其凶事钳锤之益。然在上九，岂可恒以此立心哉？以此立心，则举凡在下者，皆亦莫益于我，而或击于我矣。故诫以立心勿恒。恒则必凶。上九不中不正，不仁而在高位。但思益我，不料击我。思益而不得益，故曰偏辞。不料击而得击，故曰自外来也。

周易禅解卷六

下经之二

（夬） ䷪ 兑上乾下

夬。扬于王庭。孚号有厉。告自邑。不利即戎。利有攸往。

约世道，则民说无疆，坐享丰乐，而所行必决。约佛法，则损己利他，化功归己。决当进断余惑，证极果也。夫世间岂容有阳而无阴，有男而无女，有君子而无小人？然阴居阳上，女占男先，小人据于君子之上，而必将共决去之，必将至王庭以扬之，必将相约相信而声明其罪以号之。凡此皆有厉之道也。吾谓宜反身修德而告自邑，不宜以力争而即戎。但使以德往化，则无不利矣。

佛法释者：体惑法界，即惑成智，名告自邑。敌对相除，名为即戎。

《彖》曰：夬，决也。刚决柔也。健而说。决而和。扬于王庭，柔乘五刚也。孚号有厉，其危乃光也。告自邑，不利即戎，所尚乃穷也。利有攸往，刚长乃终也。

健而说，决而和。正明应以德化，不应以力争也。知危则光，尚力则穷。利有攸往，则以德化小人。小人皆为君子，而刚长乃终也。

《象》曰：泽上于天，夬。君子以施禄及下。居德则忌。

禄宜施，德宜居。禄不施则恩枯，德不居则本丧。又以此施禄，则及下而可以化人。以此居德，则自满而为人所忌。

初九。壮于前趾。往不胜为咎。

《象》曰：不胜而往，咎也。

重刚不中，不宜进。而壮于进步，徒自折耳。何能胜哉。

九二。惕号。莫夜有戎。勿恤。

《象》曰：有戎勿恤，得中道也。

刚而得中。知惧知警。居德既周。则有戎可无患矣。

九三。壮于頄，有凶。君子夬夬。独行遇雨。若濡有愠。无咎。

《象》曰：君子夬夬，终无咎也。

过刚不中，怒且悻悻然现于其面。太刚必折，有凶道也。君子于此，何不自夬其夬？舍上下四阳，而独行其与上六应之正理，则以德相化，阴阳相和，庶遇雨而若濡。虽彼群阳不知我心，不谅我迹，或有愠者。然化小人之道必应如此，终无咎也。言夬夬者，群阳以决去小人为夬，今吾以决不同彼群阳为夬夬也。

九四。臀无肤。其行次且。牵羊悔亡。闻言不信。

《象》曰：其行次且，位不当也。闻言不信，聪不明也。

九四以下爻为臀，下爻纯刚无柔，如有骨无肤。臀既无肤，行必次且不前。若让彼羊在前，而随其后，则羊仍属我所牵，便可悔亡。但以刚不中正，闻此善言，决不相信也。羊，指上六。为兑之主。四宜牵之。不宜决之。亦不宜与之争前后也。

九五。苋陆夬夬。中行无咎。

《象》曰：中行无咎，中未光也。

上六柔脆如苋，而在五刚之上，如苋在陆，人人得践踏之。嗟嗟，彼独非坤德乎？彼独非太极全体所成，还具太极全体者乎？是宜夬彼群阳所夬而护养之。乃为中行之道，可无咎耳。然在夬时，终不免以君子小人二其心，未肯忘于大同。故曰中未光也。圣人于复，则谆谆以保护微阳。于夬，则谆谆以保护残阴。阴阳岂可偏废哉！

上六。无号。终有凶。

《象》曰：无号之凶，终不可长也。

下之五爻，圣人所以劝诫群阳者至矣。以六居上。虽得其正。而阴柔才弱，不能惕号以自周备。故终不可长。不若反乎下以为姤耳。

（姤）䷫ 乾上 巽下

姤，女壮。勿用取女。

约世道，则决之于意中者，必将遇之于意外。约佛法，则决断余惑而上同诸佛者，必巧用性恶而下遇众生。又约究竟，则夬是无间道，姤是解脱道。约初心，则夬是乾慧，姤是理水也。以无号之一阴，忽反于下而得其所安，势必渐壮。故九二宜包而有之，不宜使宾取之。

佛法释者：在佛为性恶法门，在众生不了，则为修恶。九二行菩萨道，自可示同修恶，不令余人作恶。又解脱道，一得永得，名女壮。无所取着，名勿用取女。理水亦尔。

《彖》曰：姤，遇也。柔遇刚也。勿用取女，不可与长也。天地相遇，品物咸章也。刚遇中正，天下大行也。姤之时义大矣哉。

不曰刚遇柔，而曰柔遇刚者。柔为政也。

佛法释者：刚是性德，柔是修德。以修显性，名柔遇刚。刚是妙观，柔是妙止。从止起观，名柔遇刚。刚是智慧，柔是禅定。因定发慧，名柔遇刚。修本无加于性，止亦不可偏胜，定亦不可偏多。故曰不可与长也。天地相遇，天得地之初爻而为巽。挠万物者莫疾乎风。齐乎巽，而万物洁齐。故曰品物咸章也。九二之刚，下遇初六，上遇九五之中正。在世法中，则为大臣得君以抚民。在佛法中，则为智慧称性以成福。故曰天下大行也。

《象》曰：天下有风，姤。后以施命诰四方。

剥乎上者反乎下，名之曰复。性德也，观慧也。不可即致用也。故如雷在地中而后不省方。夬乎上者反乎下，名之曰姤。修德也。止定也。即可以取效也。故如天下有风而后施诰命。复以见天地之心，姤以见时义之大。复即乾知大始，姤即坤作成物。复即金声，姤即玉振。复即智巧，姤即圣力。而腐儒以抑阴戒小人释之。不亦陋乎？

初六。系于金柅。贞吉。有攸往见凶。羸豕孚蹢躅。

《象》曰：系于金柅，柔道牵也。

无君子莫治野人，无野人莫养君子。此世法之必应互相系属者也。无性不能起修，无修不能显性。非智不禅，非禅不智。此佛法之必应互相系属者也。一阴始生于下，得九二金柅以系之。此贞吉之道也。不系则有攸往，往则见凶。如羸豕必能蹢躅，由不早为调御故耳。柔道宜与刚德相牵，则互相与有成矣。

九二。包有鱼，无咎。不利宾。

《象》曰：包有鱼，义不及宾也。

修显性，则性有修。定发慧，则慧有定。性修交成，定慧平等。无咎之道也。但可内自证知，岂可举似他人？世法亦尔。吾民吾子，岂可令他人分治哉。

九三。臀无肤。其行次且。厉，无大咎。

《象》曰：其行次且，行未牵也。

二近于初，故包有鱼。三远于初，故臀无肤。无肤则行必次且矣。然虽厉而无大咎者，以与初六同居巽体。但行未与柔道相牵合耳。

九四。包无鱼，起凶。

《象》曰：无鱼之凶，远民也。

刚不中正，执性而废修，恃慧而弃定。犹世宰辅，居上而远民也。方其高谈理性，正逞狂慧，不知其为凶。临命终时，地狱相现，则悔无所及。犹包中无鱼，起水而后知之。

九五。以杞包瓜。含章。有陨自天。

《象》曰：九五含章，中正也。有陨自天，志不舍命也。

枸杞枝软而长。以此包瓜，则其蔓交系而不可解。此九二与初六相遇之象也。九五为姤之主，乃高居于上，远不相及。但以刚健中正，则性德久熏成种。将欲发焕，故名含章。由其志不舍命，不肯自暴自弃。故初六虽不相遇，必有自天陨坠以遇我者矣。发得本有，名为自天。无心契合，名为有陨。又九二如大臣，能有初六之民，与民固结。九五如圣君，能用九二之贤臣，故名含章。既有九二，则并九二所遇初六之民而有之矣。民与之，即天与之。故云有陨自天。

上九。姤其角。吝。无咎。

《象》曰：姤其角，上穷吝也。

居姤之终，不与柔遇，名姤其角。此如二乘偏真空慧，但免无鱼之凶，不无焦芽败种之吝也。

（萃）☷ 兑上
　　　　坤下

萃，亨。王假有庙。利见大人。亨，利贞。用大牲吉。利有攸往。

相遇则相聚，世出世之常也。聚安有不亨者哉？幽明之情萃，故有庙可假。上下之情萃，故大人可见。用大牲以假有庙，利攸往以见大人，皆顺乎时义之所当然。所谓贞也。

《彖》曰：萃，聚也。顺以说。刚中而应。故聚也。王假有庙，致孝享也。利见大人亨，聚以正也。用大牲吉，利有攸往，顺天命也。观其所聚，而天地万物之情可见矣。

同一致孝享耳。有时云二簋可用，有时云樽酒簋贰，今则云用大牲吉。同一见大人耳，有时云不利涉川，有时云往蹇来硕，今则云利有攸往。夫岂有私意于其间哉？宜俭则俭，宜丰则丰，可往则往。可来则来。皆所以顺天命而观物情耳。

《象》曰：泽上于地，萃。君子以除戎器戒不虞。

杨慈湖曰：泽所以能潴水而高上于地者，以有坊也。民所以得安居而聚者，不可无武备也。除治戎器，戒备不虞，皆大易之道也。

蕅益子曰：约佛法，则毗尼内禁。约观心，则密咒治习。

初六。有孚不终。乃乱乃萃。若号。一握为笑。勿恤。往无咎。

《象》曰：乃乱乃萃，其志乱也。

当萃之时，未有不志于萃者也。二阳为受萃之主，而四阴萃之。初与四为正应，本可信也。不中不正，故不能终其信，而乃乱乃萃焉。乃乱故若号，乃萃故一握为笑，言其号笑夹杂而为一握也。然既是正应。何所疑恤？不若往从为无咎耳。志乱故号笑夹杂，明相应之理未尝乱也。

六二。引吉无咎。孚乃利用禴。

《象》曰：引吉无咎，中未变也。

柔顺中正，上应九五阳刚中正之君，本无可疑者也。乃初六与六三皆往萃于九四。我居二者之间，设不自引而出，何以取信于九五乎？苟引出而得其信，则不必用大牲，而用禴亦利矣。舍二阴而独从所应，故如用禴。其物甚薄，但由二有中德，故不变所守以随两阴耳。

六三。萃如嗟如。无攸利。往无咎。小吝。

《象》曰：往无咎，上巽也。

上无应与，志欲萃而无从。故嗟如而无所利。然当萃之时，往从九四，亦可无咎。但非正应，故得小吝，而九四则巽以受之矣。

九四。大吉无咎。

《象》曰：大吉无咎，位不当也。

当萃之时，初六应之，六三归之，不几以臣拟君乎？故必大吉乃得无咎。如伊尹周公之终尽臣道可也。

九五。萃有位。无咎。匪孚。元永贞。悔亡。

《象》曰：萃有位，志未光也。

阳刚中正，以天位而受萃者也。然惟二实应之，上实附之，而初与三已萃于九四矣，仅可无咎。若能忘吾位以任九四，听彼二阴之匪孚我，而元萃于四者永贞弗改，则九四既为吾臣，二阴何一非吾民也。故得悔亡。设但恃其位以为萃，则志未光矣。

上六。赍咨涕洟。无咎。

《象》曰：赍咨涕洟，未安上也。

以阴居阴，而在上位，心不自安。故赍咨涕洟。以附悦于九五，得无咎也。

（升）䷭ 坤上 巽下

升，元亨。用见大人勿恤。南征吉。

气聚而上升，如木之升于地，元亨可知也。巽顺非果于有为者，故劝以用见大人勿恤。万物齐乎巽，而相见乎离，故南征则吉。欲其向明以行志也。

《彖》曰：柔以时升。巽而顺。刚中而应。是以大亨。用见大人勿恤，有庆也。南征吉，志行也。

巽木本柔，故必以时而升。木之升固必借土，土亦以生木为功。今九二刚中而应六五，盖不惟木之志，亦是土之志也。

《象》曰：地中生木，升。君子以顺德，积小以高大。

道体本无大小，而君子之积德也，顺而致之，必由小以高大。譬如合抱之木始于微芒，但不可戕伐，亦不可助长耳。

初六。允升大吉。

《象》曰：允升大吉，上合志也。

为巽之主。上与二阳合志。故信能升而大吉也。

九二。孚乃利用禴。无咎。

《象》曰：九二之孚，有喜也。

升九二之求孚于六五，以各不得其正，非如萃六二之孚于九五也。但萃之六二，以两邻同质，而不同志。故中虽未变，而须引吉。今升之九二，以两邻异质，而志相合。故不惟无咎，而且有喜。

九三。升虚邑。

《象》曰：升虚邑，无所疑也。

以坚刚之木，上升于柔顺之土，何疑阻哉！

六四。王用亨于岐山。吉，无咎。

《象》曰：王用亨于岐山，顺事也。

巽之升也为木，坤之升也为山，而人之升也为亨于天地山川鬼神。其事不同，其所以为顺一也。方木之升于地，人但以为木克土耳，不知木升即是地升。以离地四微，别无木四微故。如太王之去豳而邑于岐。人但以为王弃豳耳，不知邑岐即是邑豳。以非舍豳人而别抚岐人故。

六五。贞吉升阶。

《象》曰：贞吉升阶，大得志也。

朝有君子，则圣王之志得。犹地有乔木，则成园苑。故地未有不以升木为志者也。九二刚中，而五应之。此明与以可升之道，犹圣王之设阶以升君子。但恐其以阴居阳，不能鉴九二之孚。故特以贞诫之，欲其贞于九二也。

上六。冥升。利于不息之贞。

《象》曰：冥升在上，消不富也。

升至于冥，可以息矣。而有不息之贞，则宜冥而益升。此所谓天爵也。修其天爵，则匹夫不为贫贱，而不富可消矣。

（困）兑上 坎下

困，亨。贞大人吉无咎。有言不信。

升而不已必困，此盈虚消息之常也。困心衡虑，实所以致亨。然不以正道持之，不以大人处之，何能吉无咎哉？设无躬行实德，而但有空言，决不足以取信矣。

《彖》曰：困，刚掩也。险以说。困而不失其所亨。其惟君子乎？贞大人吉，以刚中也。有言不信，尚口乃穷也。

坎刚在下，而为兑柔所掩。刚既被掩，水漏泽枯，困之象也。处险而说，素患难行乎患难。遁世无闷，不改其乐，非君子其孰能之？九二九五，皆以刚而得中。此大人之贞，吉之道也。苟不守此贞，而徒尚口，适足以取穷而已矣。

《象》曰：泽无水，困。君子以致命遂志。

水在泽下，泽中无水，枯槁穷困。此已定之命也。君子致之而已，岂容作意而不顺受？刚中故处险能说，此在我之志也。君子则心遂之，岂因颠沛而或稍违？

初六。臀困于株木。入于幽谷。三岁不觌。

《象》曰：入于幽谷，幽不明也。

六爻皆处困者也。惟刚中大人能不失其所亨。初六居下，臀之象也。上应九四之株木，正当困时，不能相庇。而阴居险初，则如入于幽谷，三岁不能相见矣。

九二。困于酒食。朱绂方来。利用亨祀。征凶，无咎。

《象》曰：困于酒食，中有庆也。

当困之时，能以刚中自养，故名困于酒食。九五阳刚中正之君，必将以朱绂锡我，使我同济时困。我但当默然以诚应之，如享祀然。若遽往则必有凶。而志在救时，仍无咎也。中有庆即是贞大人吉。此如伊尹就汤。绂，蔽膝也。

六三。困于石。据于蒺藜。入于其宫。不见其妻。凶。

《象》曰：据于蒺藜，乘刚也。入于其宫，不见其妻，不祥也。

阴柔不中不正，居于二阳之间。四如石，二如蒺藜。上六不与相应，故入其宫而不见其妻。由无祯祥之德，所以自取其凶。

九四。来徐徐。困于金车。吝。有终。

《象》曰：来徐徐，志在下也。虽不当位，有与也。

夫处困而亨。非刚中者不能也。九四正在困时，犹不能忘情于初六，而来徐徐。既志在初六，岂惟不与九二合德？反困于九二之金车而吝矣。然九二刚中，必能与我同济时困。不因我不当位而遂弃我，故可有终。

九五。劓刖。困于赤绂。乃徐有说。利用祭祀。

《象》曰：劓刖，志未得也。乃徐有说，以中直也。利用祭祀，受福也。

九五阳刚中正，居于尊位，视天下如一身者也。上六困于葛藟，如劓我之鼻。初六困于株木，如刖我之足。我方赖九二同行济困，犹如赤绂。而彼方困于酒食，则是我困于赤绂也。然九二中直，必徐应我而有悦。我当竭诚以感之，如祭祀然。庶可以受福矣。

上六。困于葛藟。于臲卼。曰动悔有悔。征吉。

《象》曰：困于葛藟，未当也。动悔有悔，吉行也。

处困之极，可以动而行矣。阴柔才弱，疑虑未当，犹牵缠而不自安。惧其动而有悔，而每自退悔也。故圣人直以征吉决之。

（井）䷯ 坎上
巽下

井。改邑不改井。无丧无得。往来井井。汔至，亦未繘井。羸其瓶。凶。

夫井者，居其所而迁者也。知井之居所而迁，则知困之穷而通矣。故次困而明井。邑可改，井不可改。可改则有丧有得。既不可改，何丧何得？食水者往，未食者来。人有往来，井何往来。下瓶将及于水曰汔至，得水收绳未尽曰未繘井。繘井则有功，未繘羸其瓶则凶。此皆人之得丧，非井之得丧也。知井无得丧，则知性德六而常即。知人有得丧，则知修德即而常六。故曰井德之地也。又曰井以辩义。

《彖》曰：巽乎水而上水，井。井养而不穷也。改邑不改井，乃以刚中也。汔至亦未繘井，未有功也。羸其瓶，是以凶也。

水轮含地，故凿地者无不得水。喻如来藏性具一切阴界入等。故观阴界入者无不得悟藏性，但贵以妙止观力深入而显发之。藏性一显。自养养他更无穷尽也。困之贞大人吉，曰以刚中。今改邑不改井，亦曰乃以刚中，困似专指修德，其实发明全修在性。今似专指性德。其实要人全性起修。故随明未有功而羸瓶则凶。其重修德甚矣。

《象》曰：木上有水，井。君子以劳民劝相。

夫担水惠人，则所及者寡。凿井任汲，则所润者多。担水者有作善，凿井者无作善也。君子之慰劳于民也则劝其交相为养焉，故养而不穷矣。

初六。井泥不食。旧井无禽。

《象》曰：井泥不食，下也。旧井无禽。时舍也。

井之六爻。三阴为井，三阳为泉。初居最下，故象如泥。不惟人不食之，禽亦不顾之矣。理即佛也。

九二。井谷射鲋。瓮敝漏。

《象》曰：井谷射鲋，无与也。

在下之中，故为井谷。有泉可以射鲋，而上无应与，如瓮既敝漏，不能相汲也。鱼之至小者名鲋。盖指初六，此是名字即佛。薄有闻熏，未成法器。

九三。井渫不食。为我心恻。可用汲。王明，并受其福。

《象》曰：井渫不食，行恻也。求王明，受福也。

以阳居阳，其泉洁矣。犹居下卦，不为人食，是可恻也。上六应之，故可用汲。盖王既明而用贤，则贤者之福非止独受而已。此是观行即佛。圆伏五住故井渫，未证理水故不食。宜求诸佛加被，则可自利利他也。

六四。井甃无咎。

《象》曰：井甃无咎，修井也。

甃者，以砖石包砌其傍，所以御污而洁泉者也。故曰修井。此是相似即佛，从思慧入修慧，御二边之污，而洁中道之泉。

九五。井冽寒泉食。

《象》曰：寒泉之食，中正也。

阳刚中正，泉之至洁而冷然者也。功及于物，故得食之。此是分证即佛。中道理水，自利利他。

上六井收勿幕，有孚元吉。

《象》曰：元吉在上，大成也。

以阴居上，如井之收。收，即井栏。常露之而勿幕。众皆汲之。而所养无穷矣。此是究竟即佛，功德满足，尽未来际恒润众生。

（革）䷰ 兑上 离下

革。已日乃孚。元亨利贞。悔亡。

夫邑改而井不改者，言其处也。井旧，则无禽而泥，可弗革乎？学者以变化气质为先，犹火之煅金也。方其煅也，金必苦之。既煅成器，而后信火之功也。此革之道，即乾坤之道，大亨以正者也。未信故有悔，已孚则悔亡矣。

《彖》曰：革。水火相息。二女同居。其志不相得。曰革。已日乃孚。革而信之。文明以说。大亨以正。革而当，其悔乃亡。天地革而四时成。汤武革命，顺乎天而应乎人。革之时大矣哉。

革而信之，明未革则人不信也。革而当，乃使人信，其悔乃亡。明不当则悔不亡也。须如天地之革时，汤武之革命，方可取信于人耳。革何容易？

《象》曰：泽中有火，革。君子以治历明时。

时无实法，依于色心分位假立。心无形像，依色表见。色有共相及不共相。共相之在上者为日月星宿。因日月星宿周行于天，据其所历之度，以明春夏秋冬之时。春则万物皆春。乃至冬则万物皆冬。故知时惟心现，无在而无所不在。犹如火性无我，亦无在而无所不在。虽泽中亦自有之。彼大海中火光常起，即其验也。

初九。鞏用黄牛之革。

《象》曰：革用黄牛，不可以有为也。

离为能革，兑为所革。而初九居下，上无应与。此不可以有为者也。但用黄牛之革以自巩固可耳。

六二。已日乃革之。征吉无咎。

《象》曰：已日革之，行有嘉也。

阴柔中正，为离之主。得革物之全能者也。革必已日乃孚，而上应九五，是其嘉配。故征吉而无咎。

九三。征凶贞厉。革言三就，有孚。

《象》曰：革言三就，又何之矣。

过刚不中，而应上六。上六阴柔得正，乃君子而如文豹者也。何容更以刚燥革之？征则必凶。虽得其贞，亦仍危厉。但可自革以相顺从。其言至于三就，庶亦可以取信也。

九四。悔亡。有孚改命吉。

《象》曰：改命之吉，信志也。

兑金之质，本待煅以成器。而九四无应于下，则无肯成我者。悔可知也。但刚而不过，又附近于离体之上。其志可信，故悔亡而有孚。可以改其所秉之定命，而日进于自利利他之域矣。

九五。大人虎变。未占有孚。

《象》曰：大人虎变，其文炳也。

以阳刚中正之大人，又得六二阴柔中正之应以辅助之。故如虎之神变，炳乎有文。不待占而足以取信于天下也。

上六。君子豹变。小人革面。征凶。居贞吉。

《象》曰：君子豹变，其文蔚也。小人革面，顺以从君也。

豹亦生而有文者也。但待时而变现耳。九三刚燥小人，既见其变，亦革言三就以相顺从。然仅革面，未始革心，君子正不必深求也。若欲令心革而往征之，未免得凶。惟居贞以默化之则吉。

（鼎）☲ 离上
　　　　 巽下

鼎，元吉亨。

革物者莫若鼎。此陶贤铸圣烹佛鍊祖之器也。安得不元吉而亨哉？

《彖》曰：鼎，象也。以木巽火，亨饪也。圣人亨以享上帝。而大亨以养圣贤。巽而耳目聪明。柔进而上行。得中而应乎刚。是以元亨。

初阴为足，二三四阳为腹。五阴为耳，上阳为铉。非鼎象乎？以木巽火而亨饪，非鼎用乎？勿谓鼎之道小。圣人亨以享上帝，亦此鼎耳。即大亨以养天下圣贤，亦此鼎耳。何必离事别求理哉！且以卦德言之：内则巽顺，外则离而耳目聪明。六五以柔为离之主，进而上行，得中位而应九二之刚。此岂非圣贤佛祖自陶自铸自烹自鍊之道？其元亨也宜矣。

《象》曰：木上有火，鼎。君子以正位凝命。

鼎者，国之重宝，君位之所寄也。得其道以正其位，则命可凝。德不称位。则命去而鼎随去矣。约象明之，德如木，命如火。有木则有火，木尽则火亡。有德以正其位则命凝，德亡则命亡。故曰惟命不于常也。

初六。鼎颠趾。利出否。得妾以其子。无咎。

《象》曰：鼎颠趾，未悖也。利出否，以从贵也。

初为鼎趾，应四故颠。然及其未烹物而颠之，旧积否恶从此可出矣。颠趾如得妾，出否如得子。母以子贵，因其子而知得妾之未悖，因出否而知颠趾之有功也。

九二。鼎有实。我仇有疾。不我能即。吉。

《象》曰：鼎有实，慎所之也。我仇有疾，终无尤也。

二当鼎腹之下分，阳刚故为有实。上应黄耳金铉之六五，能护守之。初虽颠趾而有疾，终不害及我也。然在二，则宜慎所之矣。

九三。鼎耳革。其行塞。雉膏不食。方雨亏悔，终吉。

《象》曰：鼎耳革，失其义也。

三当鼎腹之中分，其实腴美，有雉膏可食矣。上无应与，如鼎方革耳而不可行者焉。赖六五柔中之黄耳。贯上九刚而不过之玉铉，方将举二以及三。如阴阳之和而得雨，则可以亏悔而终吉矣。怀道而不思致用，故失其义。犹所云不仕无义，激之使及时行道也。

九四。鼎折足。覆公餗。其形渥。凶。

《象》曰：覆公餗，信如何也？

四当鼎腹之上分，其实既满，而下应初六，则不胜其重。足云折矣，形貌能无赧汗乎？始也不自知其德薄，知小力小，妄据尊位，而谋大任重。今一旦不胜其任，此其所自信者为如何也？

六五。鼎黄耳金铉，利贞。

《象》曰：鼎黄耳，中以为实也。

五为鼎耳，而有中德。故其色黄。以虚受实，故为金铉。铉即指上九也。以铉贯耳，以耳举鼎，尽天下圣贤而养之。岂非圣人大亨之正道乎？然六五自本无实，特下应九二之刚中以之为实。即以此而养天下，所谓为天下得人者耳。

上九。鼎玉铉。大吉无不利。

《象》曰：玉铉在上，刚柔接也。

上为鼎铉。自六五观之，则如金之刚。自其刚而不过之德言之，则如玉之润矣。金遇猛火则熔，玉非火所能坏。以此举鼎，故大吉无不利也。

（震）䷲ 震上 震下

震，亨。震来虩虩。笑言哑哑。震惊百里。不丧匕鬯。

主重器者莫若长子，长子未有不奋动以出者也。故震则必亨。然其亨也，必有道以致之。方其初动而来，虩虩乎，如蝇虎之周环顾虑。仍不失其和，而笑言哑哑。夫惟存于己者既严且和，以此守重器而为祭主，纵遇震惊百里之大变，能不丧其匕鬯矣。

佛法释者：一念初动。即以四性四运而推简之，名为虩虩。知其无性无生，名为笑言哑哑。烦恼业境种种魔事横发，名为震惊百里。不失定慧方便，名为不丧匕鬯也。

《彖》曰：震，亨。震来虩虩，恐致福也。笑言哑哑，后有则也。震惊百里，惊远而惧迩也。出可以守宗庙社稷，以为祭主也。

恐惧乃能致福，福不可以幸邀。所谓生于忧患也。哑哑亦非放逸，仍不失其法则也。惟其养之有素如此，故虽当惊远惧迩之变。人皆退避，而偏能出此凝定之神以当之，可以守宗庙社稷而为祭主也。为祭主，即是不丧匕鬯注脚。

《象》曰：洊雷震。君子以恐惧修省。

君子不忧不惧，岂俟雷洊震而后恐惧修省哉？恐惧修省，正指平日不睹不闻慎独功夫。平日功夫能使善长恶消，犹如洊雷能使阳舒阴散也。惟其恐惧修省惯于平日，故虽遇洊雷，亦复不忧不惧矣。问曰：孔子迅雷风烈必变，复云何通。答曰：此是与天地合德。变则同变，亦非忧惧。

初九。震来虩虩。后笑言哑哑。吉。

《象》曰：震来虩虩，恐致福也。笑言哑哑，后有则也。

六爻皆明恐惧修省之道，而德有优劣。位有当否，故吉凶分焉。初九刚正，为震之主。主器莫若长子，吉可知矣。

六二。震来厉。亿丧贝。跻于九陵。勿逐，七日得。

《象》曰：震来厉，乘刚也。

六二乘初九之刚，盖严惮切磋之畏友也。借此深自惕厉，以振刷我阴柔懦弱之习。举吾平日所谓中正纯善多种宝贝尽丧不顾，直跻于乾健高明之九陵，勿更留意求逐。然至于七日，复其故位，则中正纯善之德仍在矣。

六三。震苏苏。震行无眚。

《象》曰：震苏苏，位不当也。

三远于初。初之所以惊发我者，苏苏而不切矣。三当自以震行，勿因远于畏友，而缓其恐惧修省之功，则无眚也。

九四。震遂泥。

《象》曰：震遂泥，未光也。

九四亦震主也。以阳居阴，复陷四阴之间。虽似洊至，遂失其威而入泥。岂能如虩虩哑哑之有光哉？

六五。震往来厉。亿无丧有事。

《象》曰：震往来厉，危行也。其事在中，大无丧也。

震六二者惟初九，故但云来厉。震六五者，则初九与九四也。初震既往，四震复来，五得借此以自惕厉。令所行日进于高明。故曰危行。犹所云"邦有道危言危行"也。以六居五，不过于柔。又得中道，故其德甚多。而毫无所丧，但有恐惧修省之事耳。

上六。震索索。视矍矍。征凶。震不于其躬，于其邻。无咎。婚媾有言。

《象》曰：震索索，中未得也。虽凶无咎，畏邻戒也。

初九之刚，固不足以及我。九四震亦遂泥，声已索索无余威矣。而阴柔弱极，方且视矍矍而惶惑无措。以此征往，则中心无主。神已先乱。凶可知也。然震既不及其身，止及其邻。即因震邻而恐惧修省，亦可无咎。但祸未至而先防，乃明哲保身之道。倘与婚媾商之，必反以为迂而有言矣。君子可弗自勉乎？

(艮) 艮上 艮下

艮其背，不获其身。行其庭，不见其人。无咎。

夫动与止，虽是相对待法。亦是相连属法。又是无实性法。究竟是无二体法也。不动曰止，不止曰动，此约相对待言也。因动有止，因止有动，此约相连属言也。止其动则为静，止其静则为动。动其止则为动。动其动则为止。此约无实性言也。止即是动，故即寂恒感。动即是止，故即感恒寂。此约无二体言也。知动止无二体者，始可与言止矣。夫人之一身，五官备于面，而五脏司之。五脏居于腹，而一背系之。然玄黄朱紫陈于前，则纷然情起。若陈于背，则浑然罔知。故世人皆以背为止也。然背之止也，纵令五官竞骛于情欲，而仍自寂然。逮情之动也，纵复一背原无所分别。而毕竟随往。故以面从背，则背止而面亦随止。以背从面，则面行而背亦随行。究竟面之与背，元非二体，不可两判。今此卦上下皆艮，止而又止，是艮其背者也。艮背何以能无咎哉？是必不获其身，行其庭不见其人，斯无咎耳。身本非实。特以情欲锢之，妄见有身。今向静时观察，其中坚者属地，润者属水，暖者属火，动者属风。眼耳鼻舌异其用，四支头足异其名。三百六十骨节，八万四千毫窍，毕竟以何为身？身既了不可得，即使历涉万变，又岂有人相可得哉？故行其庭而亦不见其人。此则止不碍行，即行恒止。故无咎也。

《彖》曰：艮，止也。时止则止。时行则行。动静不失其时。其道光明。艮其止，止其所也。上下敌应，不相与也。是以不获其身。行其庭不见其人。无咎也。

止其行而为静，止其止而为动。动静以时，无非妙止。故其道光明也。止非面墙之止，所非处所之所。特以法法本不相知，法法本不相到。犹此卦之上下敌应而不相与，是以觅身了不可得。虽行其庭，而亦了无人相可见。合于光明之道而无过也。

《象》曰：兼山艮。君子以思不出其位。

两山并峙，各安其位者也。是故草木生之，禽兽居之，宝藏兴焉。位位无非法界故也。君子于此非不思也。知离此现前之位，别无一法可得，故思不出其位。不出位而恒思，则非枯槁寂灭。思而不出其位，则非驰逐纷纭。恒思则能尽其位之用，故一切旋乾转坤事业，无不从此法界流。不出则能称其位之量，故一切位天育物功能，无不还归此法界。

初六。艮其趾。无咎。利永贞。

《象》曰：艮其趾，未失正也。

居艮之下，其位为趾。止之于初，不令泪于所欲往，斯固未失正而无咎矣。然必利于永贞。时止则止，时行则行，乃获敦艮之吉耳。

六二。艮其腓。不拯其随。其心不快。

《象》曰：不拯其随，未退听也。

趾也，腓也，股也，皆随心而为行止者也。然趾无力，不能自专。又正行时趾元自止。今六二其位为腓，而以阴居阴。当艮之时，力能专止而不随心动。故曰不拯其随。此非动静不失其时之道。盖由未肯谦退，而听命于天君。故令其心不快。

九三。艮其限。列其夤。厉薰心。

《象》曰：艮其限，危薰心也。

三位在限，而以刚居刚，为艮之主。则腰满硬直，不可屈申者也。夫上下本自相联，犹如夤然。今分列而不相系属，其危厉不亦薰心矣乎？

六四。艮其身。无咎。

《象》曰：艮其身，止诸躬也。

四位在于胸腹。《象》云"艮其背"，而此直云"艮其身"。身止则背不待言矣。夫千愆万缪皆由身起，今阴柔得正，能止诸躬，何咎之有？杨龟山曰：爻言身象言躬者，伸为身，屈为躬。屈伸在我不在物。兼爻与象，是屈伸兼用矣。

六五。艮其辅。言有序。悔亡。

《象》曰：艮其辅，以中正也。

五位在心，心之声由辅以宣。而以阴居阳，又复得中。能于言未出口前豫定其衡，故言无妄发。发必有序，而口过终可免矣。

上九。敦艮，吉。

《象》曰：敦艮之吉，以厚终也。

为艮之主，居卦之终，可谓止于至善，无所不用其极者矣。性德本厚，而修德能称性复之。故曰以厚终也。震为长男，故举乾之全体大用而虩于其初。艮为少男。故举乾之全体大用而敦于其上。一始一终，知及仁守之功备。非动非静之体复矣。

（渐）䷴ 巽上 艮下

渐。女归吉。利贞。

夫敦艮既非面墙，则止而不失其行之时矣。行之以巽，故名曰渐。君子将致身以有为。必如女之归夫。始终以礼而非苟合，乃得吉耳。苟不利贞。则躁进固足取辱，虽渐进亦岂能正人哉？

佛法释者：理则顿悟，乘悟并销，如震虩而艮敦。事非顿除，因次第尽，如女归而渐进。又次第禅门名之为女，即事禅而达实相名之为归，以圆解遍修事禅名之为贞。

《彖》曰：渐之进也。女归吉也。进得位，往有功也。进以正，可以正邦也。其位，刚得中也。止而巽，动不穷也。

进有顿渐，今明以渐而进，故如女归则吉也。得位则往有功，倘进不得位，则不可往明矣。以正则可正邦，倘进不以正，则不能正邦明矣。然此卦何以为进得位，则由九五刚得中耳。何以为往有功。则由止而巽故动不穷耳。止者动之源。设无止体，则一动即穷。如沟浍因雨暂盈，可立待其涸也。

《象》曰：山上有木，渐。君子以居贤德善俗。

木在山上，以渐而长，观者不觉。君子居德，亦复如是。山有乔木，则山益高。俗有居贤德之君子，则俗益善。

初六。鸿渐于干。小子厉。有言。无咎。

《象》曰：小子之厉，义无咎也。

洪觉山曰："渐何以象鸿也？鸿，水鸟。木落南翔，冰泮北徂。出则有时，居则有序。"苏眉山曰："鸿，阳鸟而水居。在水则以得陆为安，在陆则以得水为乐者也。初六阴爻，如鸿在水。上无应与，故为渐于水涯。"于人则为小子，正宜乾乾惕厉。且宜有言以求人之切磋琢磨。如鸿在干，而哀鸣觅伴，乃无咎也，无应本宜有咎。以当渐初，而能自厉，则其义可无咎矣。

六二。鸿渐于磐。饮食衎衎。吉。

《象》曰：饮食衎衎，不素饱也。

二亦在水，而应九五。则如渐于磐石，饮啄皆和乐矣。养道以待时，岂无事而食哉！

九三。鸿渐于陆。夫征不复。妇孕不育。凶。利御寇。

《象》曰：夫征不复，离群丑也。妇孕不育，失其道也。利用御寇，顺相保也。

九三阳爻，如鸿在陆。上无应与，则无水矣。鸿不乱配。而六四亦无应与，与三相邻。设三征而从四，则为离鸿群而可丑。设四俯而就三，则为失其道而虽孕亦不敢育。凶可知已。夫非配而私相为配，以理言之则寇也。三若守正而御之，则在我既无离群之丑，在四亦无失道之凶。乃可顺相保耳。

六四。鸿渐于木。或得其桷。无咎。

《象》曰：或得其桷，顺以巽也。

四亦在水，而乘九三之刚，不足安身。如渐于木，非鸿之所能栖。以鸿之趾连，不能握木故也。或得其横而且大有如桷者，庶几可以无咎。意指上附九五言之。盖以阴居阴则顺，为巽之主则巽。故可冀其无咎耳。

九五。鸿渐于陵。妇三岁不孕。终莫之胜，吉。

《象》曰：终莫之胜吉，得所愿也。

五本在陆，而居尊位，则如高陵矣。下应六二之妇，方饮食衎衎以自养，非九三之所能污。故三岁不孕终莫之胜而吉也。圣王得名世之臣。满其梦卜求贤本愿。不亦快乎？

上九。鸿渐于陆。其羽可用为仪。吉。

《象》曰：其羽可用为仪吉，不可乱也。

上亦在陆者也。但九三为木落南翔之陆，入于人中，故凶。上九为冰泮北归之陆，超于天外，故吉。所谓"鸿飞冥冥，弋者何慕"。但可远望其羽，用为高人达士之仪则耳。又凡鸿飞之时，成配者以次在后，孤而无侣者独在于前。今上九超然物外，下无应与。如世间义夫，志不可乱，故吉也。以羽为仪。则其为用也大矣。故曰圣人百世之师。

（归妹）☳ 震上
　　　　　 兑下

归妹，征凶。无攸利。

夫渐而进者，未有不归其所者也。以少女而归长男，过以相与。亦既得其所归。然一归则当终身守之，若更他往则凶。又设以少女用事擅权，则无所利。

佛法释者：修次第禅，盖摄世间事定而归佛法正慧者也。倘直用此事定而设化仪，则必堕于爱见之网而凶。若耽着此定，则纡偏权曲径而无所利也。

《彖》曰：归妹，天地之大义也。天地不交，而万物不兴。归妹，人之终始也。说以动，所归妹也。征凶，位不当也。无攸利，柔乘刚也。

如人有正配而不育，则必取少女以育子。此亦天地之大义。以例国君用名世为宰辅，不妨用小才小德为百官。观心用妙定合妙慧，不妨用次第诸禅助神通。设使天地不交，则万物不兴。故归妹者，乃人道之以终而成始者也。夫如是。则归妹何过，独恨其以说而动，则名为继嗣，实在情欲。如国君名为群寮，实在便嬖。观心名为助道，实在味禅。故所归者名为妹也。女舍夫而他适，臣舍君而他往。定舍慧而独行。则必得凶。以卦中阴爻之位皆不当故。女恃爱而司晨，臣恃宠而窃柄，定久习而耽著，则无攸利。以卦中六三之柔，乘九二初九之刚。六五上六之柔，乘九四之刚故。

《象》曰：泽上有雷，归妹。君子以永终知敝。

方雷之动，必感于泽。而雷则易息，泽恒如故。此岂可为夫妇恒久之道，亦岂君臣相遇之道，亦岂定慧均平之道乎！君子之于事也，未暇问其所始，先虑永其所终。苟以永终为，则知归妹之敝矣。昔有贤达，年高无子，誓不取妾。其妻以为防己之妒也。宛转劝曰："君勿忌我，以致无后。"贤达曰："吾岂不知卿有贤德哉？吾年老矣。设取幼妾，未必得子。吾没之后，彼当如何？是以誓弗为耳。"其妻犹未深信。乃密访一少艾，厚价买之。置酒于房，诱其夫与之同饮。抽身出房，反锁其门。贤达毅然从窗越出。喻其妻曰："吾岂以衰颓之身污彼童女，令彼后半世进退失措也！幸速还彼父母，勿追其价。"于是妻及亲友无不叹服。未几，妻忽受胎，连育三子。后皆显达。噫！此所谓永终知敝，以德动天者乎？圣人于《象传》中，随顺恒情，则以天地大义许之。于《大象》中，劝修阴德，则以永终知敝醒之。知此义者，亦可治国，亦可观心矣。

初九。归妹以娣。跛能履。征吉。

《象》曰：归妹以娣，以恒也。跛能履吉，相承也。

此卦以下兑为妹，以震为所归者也。兑三爻中，六三为妹，而初九九二从嫁者为娣。震三爻中，九四为所归主，而六五如帝乙之主婚，上六如宗庙之受祭。今初九以刚正之德，上从六三之妹，归于九四，而为其娣。六三如跛，待初能履。故得征吉。娣之为德，贵在能恒。相承于三，则三吉而初亦吉矣。

九二。眇能视。利幽人之贞。

《象》曰：利幽人之贞，未变常也。

以刚中之德，亦从六三而为娣。六三如眇，待二能视。夫不自有其明。而使人获其视，非幽人之贞其孰能之？然亦只是娣德之常耳。

六三。归妹以须。反归以娣。

《象》曰：归妹以须，未当也。

为兑之主，恐其说之易动也。故诫之曰："须待六五之命，勿令人轻我，而反重我之娣以归也。"由位未当，故诫之。

九四。归妹愆期。迟归有时。

《象》曰：愆期之志，有待而行也。

三既须五命而后归我，则我之归妹不愆期乎？然虽迟归，会须有时。如大舜不得父命，则待帝尧之命而行也。

六五。帝乙归妹。其君之袂，不如其娣之袂良。月几望。吉。

《象》曰：帝乙归妹，不如其娣之袂良也。其位在中，以贵行也。

五为帝乙。六三为妹，亦称女君。初九、九二为娣。以袂而论，则三不如初之与二。以女而论，则如月几望而圆满矣。夫以帝女之贵，而能行嫁于下。不骄不亢。岂非吉之道乎？

上六。女承筐无实。士刲羊无血。无攸利。

《象》曰：上六无实，承虚筐也。

震为兑所承之筐，兑为震所刲之羊。三承于六，筐则无实。六刲于三，羊则无血。故无攸利。盖生不积德，死后无灵，不能使子孙繁衍。至于不获已而归妹，此非女士之过，皆上六无实之过也。君子永终知敝，早见及于此矣。

周易禅解卷七

下经之三

（丰） 震上 离下

丰，亨。王假之。勿忧。宜日中。

家有妻妾则丰，国有多士则丰，观心有事禅助道则丰。丰则必亨。然非王不足以致丰。丰则可忧，而勿徒忧，但宜如日之明照万汇可也。

《彖》曰：丰，大也。明以动，故丰。王假之，尚大也。勿忧宜日中，宜照天下也。日中则昃。月盈则食。天地盈虚。与时消息。而况于人乎？况于鬼神乎？

明而不动，动不以明，皆非王者之道，皆不可以致丰。故惟王乃能尚大耳。所谓勿忧宜日中者，亦非止之令其不昃。正宜用其明以照天下。则不为丰所蔽也。至于昃食盈虚，虽天地不能违时，徒忧何益。

《象》曰：雷电皆至，丰。君子以折狱致刑。

折狱如电之照，致刑如雷之威。天之雷电，偶一至焉，常至则物必坏。君子之用刑狱，不得已尔，轻用则民必伤。天之雷电必在盛夏。君子之用刑狱，必于丰乐康阜之时。

初九。遇其配主。虽旬无咎。往有尚。

《象》曰：虽旬无咎，过旬灾也。

他卦六爻，每以阴阳相应为得。所谓沈潜刚克高明柔克也。惟丰六爻，则阳与阳相得，阴与阴相得。所谓"强弗友刚克燮友柔克"也。初九刚正。遇九四为其配主。互相砥砺。故虽旬无咎，而往有尚。若不速往，至于过旬，不免日中则昃而有灾矣。

六二。丰其蔀。日中见斗。往得疑疾。有孚发若，吉。

《象》曰：有孚发若，信以发志也。

六二为离之主，至明者也。上与六五柔中合德，可以互相资益。而六五为九四所隔，如丰其蔀而日中见斗者焉。夫六五燮友，可以诚感，而不可以急应。故往则反得疑疾。惟有孚发若则吉。盖信以除疑，发以撤蔀也。蔀本无实，因疑故有。志发则疑除。疑除，则蔀撤而见九二之日矣。五本贤君，故其志可发。

九三。丰其沛。日中见沬。折其右肱。无咎。

《象》曰：丰其沛，不可大事也。折其右肱，终不可用也。

以刚正而居离体，可以照天下者也。应于上六，阴阳交而霈然大雨，故于日中但见水沫纷飞。失王假尚大之事。终不可以有为矣。明莫若左。动莫若右。上六居震之极，妄动自伤。故在九三如折右肱。此上之咎，非三咎也。

九四。丰其蔀。日中见斗。遇其夷主。吉。

《象》曰：丰其蔀，位不当也。日中见斗，幽不明也。遇其夷主，吉行也。

以阳刚为震之主，兴云蔽日，故为丰蔀见斗。幸遇初九刚正，如日方升而往有尚。力能等我而为夷主。相与摧散阴霾，行照天下，不失丰亨之义，故吉也。六二之丰蔀见斗，乃指六五被九四所蔽。今九四则自丰其蔀，致使日中见斗，故以位不当幽不明责之。

六五。来章。有庆誉。吉。

《象》曰：六五之吉，有庆也。

柔中居尊，而六二以信发之。虽全赖彼离明之德，亦实由我能来之也。君臣合德，天下胥蒙其庆矣。

上六。丰其屋。蔀其家。窥其户，阒其无人。三岁不觌，凶。

《象》曰：丰其屋，天际翔也。窥其户，阒其无人，自藏也。

以阴居阴，处震之极，丰之上，拒绝离明，惟恐容光之或照及我也。故丰其屋。则堂高数仞，飞檐斜桷，若欲翔于天际者。蔀其家，则多设覆蔽，深自藏隐，纵窥户而阒若无人者。此乃从暗至暗，虽至三岁犹不相觌。凶何如哉？三岁言其甚久，亦以隔于九三，共三爻故。

（旅）☲ 离上
　　　☶ 艮下

旅，小亨。旅贞吉。

日中则昃，月盈则食。故次丰之后明旅也。丰以尚大，旅以小亨。贞岂有大小哉！在大则大，在小则小。要不失其贞而已。不失其贞，则无往而不吉矣。

《彖》曰：旅，小亨。柔得中乎外而顺乎刚。止而丽乎明。是以小亨旅贞吉也。旅之时义大矣哉。

在外故名为旅。处旅莫尚于柔，用柔莫贵于得中，得中则能顺刚，而天下无难处之境矣。止故能随寓而安，丽明故能见机而作。此旅之贞，即乾之贞。即坤之贞。即大《易》之贞也。从来大圣大贤，自天子至于庶人，无不全以乾坤大《易》之贞而处旅，无不即于旅时而具见乾坤大《易》之贞者，讵可以造次而忽其时义之大哉？

佛法释者：下三土无非旅泊，千三土中作大佛事。故时义大。若以寂光法身视之，仍名小亨。

《象》曰：山上有火，旅。君子以明慎用刑而不留狱。

山如亭舍，火如过客。君子之省方巡狩也，法离之明，法艮之慎。故刑可用而狱不可留。盖设使留狱不决，则不惟失离之明，亦且失艮之慎矣。观心释者，念起即觉，觉即摧破，不堕掉悔也。

初六。旅琐琐。斯其所取灾。

《象》曰：旅琐琐，志穷灾也。

阴柔在下，不中不正，旅而琐琐者也。琐琐犹云屑屑。由无高明远大之志，所以自取其灾。

六二。旅即次。怀其资。得童仆贞。

《象》曰：得童仆贞，终无尤也。

当旅之时。各以在上相近之爻为次为处为巢。而阴宜依阳，阳宜附阴。今六二阴柔中正，顺乎九三之刚，故为即次。以阴居阴，而在艮体，为怀其资。下有琐琐之初六，而无二心于我，为得童仆贞。夫即次怀资犹属外缘。得童仆贞则由内德。有德如是，可谓旅贞吉矣。终无尤。

九三。旅焚其次。丧其童仆。贞厉。

《象》曰：旅焚其次，亦以伤矣。以旅与下，其义丧也。

三以四为其次。而以阳遇阳，又属离体，故焚其次而亦可伤矣。又复过刚不中，处此旅时，犹不知所以善与其下，致使童仆离心远去。此岂人之罪也哉？

九四。旅于处。得其资斧。我心不快。

《象》曰：旅于处，未得位也。得其资斧，心未快也。

君子行役，志元不在资斧。九四近附六五，聊可处矣。以阳居阴，阴为资斧，犹云资粮，可以致用，故名资斧。然五方在旅，不能即大用我以行其志。故虽获于处，而犹未得位也。既未得位，故虽得其资斧，而于行道之心仍未快也。

六五。射雉一矢亡。终以誉命。

《象》曰：终以誉命，上逮也。

此正所谓柔得中乎外而顺乎刚者也。虚心以招天下之贤以济吾旅。如射雉者，虽或亡其一矢，终必得雉。故人誉之，天命之矣。盖以人合天，天必祐之。名为上逮。

上九。鸟焚其巢。旅人先笑后号咷。丧牛于易。凶。

《象》曰：以旅在上，其义焚也。丧牛于易，终莫之闻也。

处旅莫尚于柔。今以刚不中正，而在离极，更无覆护之者。如鸟焚其巢矣。先则以处高为乐故笑，后则以焚巢无归故号咷。离本有牝牛之德。乃以任刚傲慢，不觉丧之。凶何如哉？然巢之焚，由其以旅在上。乃是高亢加人，故义能招之，岂可归咎于命数，牛之丧，由其不知内省。骄矜自是。故祸生于所忽，而终莫之闻。岂可怨尤于他人？

（巽）䷸ 巽上 巽下

巽，小亨。利有攸往。利见大人。

善处旅者，无入而不自得，不巽则无以自容矣。巽以一阴入于二阳之下。阴有能，而顺乎阳以致用。故小亨而利有攸往利见大人也。观心释者，增上定学，宜顺于实慧以见理。

《彖》曰：重巽以申命。刚巽乎中正而志行。柔皆顺乎刚。是以小亨。利有攸往，利见大人。

君子之在旅也，得乎丘民而为天子。民有能而顺乎君，君则殷勤郑重，申吾命以抚绥之。盖由刚巽乎中正之德，故其志得行。故柔皆顺之也。刚不中正，则不足以服柔。柔不顺刚，则亦不得小亨矣。利有攸往，利见大人，正所以成其小亨。不往不见，何以得亨也哉？

《象》曰：随风巽。君子以申命行事。

风必相随继至，乃可以鼓万物。君子必申明其命，笃行其事，乃可以感万民。故曰君子之德风。

初六。进退。利武人之贞。

《象》曰：进退，志疑也。利武人之贞，志治也。

初六，巽之主也。巽主于入，而阴柔每患多疑。故或进而且退。夫天下事本无可疑，特其志自疑耳。决之以武人之贞，则志治而天下事不难治矣。此所云"武人之贞"，即《象》所云"有攸往"而"见大人"者也。

九二。巽在床下。用史巫纷若。吉，无咎。

《象》曰：纷若之吉，得中也。

九五阳刚中正，为巽之主，如坐床上。则九二巽德之臣，固宜在床下矣。然以刚中得初六之顺，未免有僭窃之嫌。故必用史以纪吾所行，用巫以达吾诚悃。纷若不敢稍疏，乃得中而吉无咎也。

九三。频巽。吝。

《象》曰：频巽之吝，志穷也。

以刚居刚，非能巽者。勉强学巽，时或失之。盖志穷则不止于志疑，疑可治而穷则吝矣。

六四。悔亡。田获三品。

《象》曰：田获三品，有功也。

阴柔得正，为巽之主，顺乎九五阳刚中正之君。此休休有容之大臣，天下贤才皆乐为用者也。故如田获三品而有功。三品者，除九五君位，余三阳皆受其罗网矣。

九五。贞吉悔亡。无不利。无初有终。先庚三日。后庚三日。吉。

《象》曰：九五之吉，位正中也。

虽有其德，苟无其位，则不敢变更。虽有其位，苟无其德，则不能变更。九五盖德位相称者也，故得其巽之贞。而亦吉，亦悔亡，亦无不利。然事既变更，则是无初。变更得正，所以有终。又必丁宁于未更三日之先，且豫揆度于既更三日之后，则吉也。盘庚以之。

上九。巽在床下。丧其资斧。贞凶。

《象》曰：巽在床下，上穷也。丧其资斧，正乎凶也。

以阳刚居卦上。举凡九五九二之能巽者，皆在我床下矣，而我方上穷而不知。故初六六四之资斧，皆为二五所用，而不为我用。其凶也，是其正也，何所逃乎？

佛法释六爻者。初是世间事禅，有进有退。二是空慧，宜史巫以通实相。三是乾慧，不能固守。四是出世间禅，多诸功德。五是中道正慧，接别入圆，故无初有终。上是邪慧，灭绝功德。

（兑）☱兑上
☱兑下

兑，亨。利贞。

入则自得，自得则说。自得则人亦得之，人得之则人亦说之矣。说安得不亨哉？然说之不以正，君子不说，故利贞焉。《书》云：无拂民以从己之欲，罔违道以干百姓之誉。

《彖》曰：兑，说也。刚中而柔外。说以利贞。是以顺乎天而应乎人。说以先民，民忘其劳。说以犯难，民忘其死。说之大，民劝矣哉。

刚中则无情欲偏倚之私，柔外则无暴戾粗浮之气。此说之至正，天地同此一德者也。以此德而先民，民自忘劳。以此德而犯难，民自忘死。即此是说之大。民自劝而胥化于善，非以我劝民也。

《象》曰：丽泽兑。君子以朋友讲习。

泽相丽则不枯竭，学有朋则不孤陋。以文会友，讲也。以友辅仁，习也。讲而不习则罔，习而不讲则殆。讲则有言不背于无言，习则无言证契于有言。又讲则即无言为有言，习则即有言成无言矣。

初九。和兑，吉。

《象》曰：和兑之吉，行未疑也。

刚正无应，和而不同，得兑之贞者也。无私故未有疑。

九二。孚兑，吉。悔亡。

《象》曰：孚兑之吉，信志也。

刚中则诚内形外。自信其志，亦足以取信于天下矣。

六三。来兑，凶。

《象》曰：来兑之凶，位不当也。

六三为兑之主，何以凶哉？乾得坤之上爻而为兑，以阳为体，以阴为用者也。若内无其体，徒欲外袭其用以来取悦于人，则乱义必矣。君子所以恶夫佞者。

九四。商兑未宁。介疾有喜。

《象》曰：九四之喜，有庆也。

兑不可以不利贞也。三之来兑，何足恋惜？乃不忍绝而商之。心必未宁。惟介然自断，速疾勿迟，则有喜矣。大臣不为谄媚所惑，天下且受其庆，不止一身有喜而已。

九五。孚于剥。有厉。

《象》曰：孚于剥，位正当也。

阳刚中正，诚内形外之至者也。故不惟可孚于君子，亦可孚于剥正之小人。使彼改恶从善，反邪归正，而有厉焉。盖既有其德，又有其位，故化道如此之盛耳。

上六。引兑。

《象》曰：上六引兑，未光也。

上六亦为兑主。然既无其体，惟思以悦引人，则心事亦暧昧矣。三欲来四，上欲引五，其情态同。而三不当位故凶，上犹得正故不言凶。

（涣）䷺ 巽上
坎下

涣，亨。王假有庙。利涉大川。利贞。

悦而后散之，谓公其悦于天下，而不独乐其乐，故亨也。既能与民同乐。则上可以悦祖考，故王假有庙。远可以悦四夷，故利涉大川。而悦不可以不正也，故诫之以利贞。

《彖》曰：涣，亨。刚来而不穷。柔得位乎外而上同。王假有庙，王乃在中也。利涉大川，乘木有功也。

九二刚来而不穷，六四柔得位乎外而上顺于九五。此能扩充兑卦刚中柔外之德，而涣其悦于天下者也。安得不亨？又九五居上卦之中，此王假有庙以悦祖考之象。乘巽木而涉坎水，此远悦四夷决定有功之象。而贞在其中矣。

《象》曰：风行水上，涣。先王以享于帝立庙。

风行水上，不劳力而波涛普遍。先王享帝以事天，立庙以事先。尽其一念诚孝，即足以感通天下。恩波亦无不遍矣。故曰"明乎郊社之礼，禘尝之义，治国其如视诸掌乎"。

初六。用拯，马壮吉。

《象》曰：初六之吉，顺也。

初居坎下，受四之风而用拯，拯则出水而登陆矣。坎于马为美脊。今初六顺于九二，故为马壮而吉。

九二。涣奔其机。悔亡。

《象》曰：涣奔其机，得愿也。

此正彖传所谓刚来而不穷者也。当涣时而来奔据于机，卓然安处中流。得其自悦悦他之愿，故悔亡。

六三。涣其躬，无悔。

《象》曰：涣其躬，志在外也。

阴居坎体之上，六四上同上九之风而涣之。举体散作波涛以润于物，志在外而不在躬。故无悔也。

六四。涣其群，元吉。涣有丘。匪夷所思。

《象》曰：涣其群元吉，光大也。

此正《象》所谓"柔得位乎外而上同"者也。阴柔得正，为巽之主。上同九五，下无应与，尽涣其群以合于大公。此则天下一家，万物一体。名虽为涣，而实乃有丘矣。圣人无己，无所不己。光明正大之道，岂平常思虑所能及哉？

九五。涣汗其大号。涣王居，无咎。

《象》曰：王居无咎，正位也。

发大号以与民同悦，如汗之发于中而浃于四体。盖四之涣群，由五为王而居于正位。四乃得上同之，是故大号如汗涣于外。王居正位常在中，故无咎也。

上九。涣其血去逖出，无咎。

《象》曰：涣其血，远害也。

血者，坎之象。逖者，远也。人有大患，为其有身。常情执之，保为己躬。正理观之。乃脓血聚，毒害本耳。上九用六四之风，以涣六三之躬。六三可谓忘身为国，故志在外而无悔。然非上九为其远害，则六三何能兴利乎？合六爻言之：九二如贤良民牧，承流宣化；六四如名世大臣，至公无私；九五如治世圣王，与民同乐；上九如保传司徒，教民除害；初因此而出险，既拔苦必得乐，故吉。三因此而忘我，既远害必兴利。故无悔也。

（节） ☱☵ 坎上兑下

节，亨。苦节不可贞。

水以风而涣，以泽而节。节则不溃不涸，而可以常润，故亨。夫过于涣必竭，故受之以节。然过于节则苦，又岂可常守乎？

《彖》曰：节，亨。刚柔分而刚得中。苦节不可贞，其道穷也。说以行险。当位以节。中正以通。天地节而四时成。节以制度。不伤财。不害民。

得中则不苦。苦则穷，穷则不可以处常。不苦则说，说则并可以行险。惟节而当位，斯为中正。惟中正故通而不穷。天有四时，王有制度。皆所谓中正以通者也。

《象》曰：泽上有水，节。君子以制数度议德行。

若冕旒，若宗庙，若乐舞，若阶陛，若蓍龟，若爵禄等。皆有其数以为度。制使各得其节，则无过与不及，而不奢不俭。若见君，若事亲，若接宾，若居丧等，皆根乎德以成行。议使各当其节，则无过与不及，而可继可传。如泽节水，称其大小浅深，要使不溃不涸而已。

初九。不出户庭，无咎。

《象》曰：不出户庭，知通塞也。

节之义亦多矣。或时节，或裁节，或品节，或名节，或撙节，或符节，或节制，或节文，或节限，或节操。今且以时节言之。刚正而居下位，九二塞于其前。故顺时而止，不出户庭。既知裁节，则品节名节皆善矣。复以节制言之，上应六四。水积尚浅，故宜塞使不流也。

九二。不出门庭，凶。

《象》曰：不出门庭凶，失时极也。

若以时节言之，既在可为之位，又有刚中之德。六三已辟其门。而乃上无应与。固守小节，岂非大失？复以节制言之，上对九五，水积渐深。便宜通之使流，胡须阻塞以致洪泛？岂非失时之极？

六三。不节若，则嗟若，无咎。

《象》曰：不节之嗟，又谁咎也。

若以时节言之，阴不中正，居下之上。又为悦主，故始则恣情适意而不知节若。后则忧患洊至而徒有嗟若，自取其咎，无可以咎谁也。复以节制言之，上对上六，水已泛滥。而泽口不能节之，徒有嗟若而已。将谁咎乎？

六四。安节，亨。

《象》曰：安节之亨，承上道也。

若以时节言之，柔而得正。居大臣位以承圣君，故为安节。所谓太平宰相也。复以节制言之，下应初九。塞而不流，任九五上六之波及于物，而我独享其安，故亨。

九五。甘节，吉。往有尚。

《象》曰：甘节之吉，居位中也。

阳刚中正，居于尊位，所谓当位以节者也。无过不及，故甘而吉。行之无敝，故往有尚。自居位中，故非失时。极之九二所能阻碍。

上六。苦节，贞凶，悔亡。

《象》曰：苦节贞凶，其道穷也。

若以时节言之，纯阴而居节之极。固守不通，故其道既穷，虽正亦凶。彼执为正，实非正也。惟悔而改之则不穷，不穷则凶可亡矣。复以节制言之，水以流下为其节操。六三兑口上缺，不能节制。故上六尽其流下之节而不稍留，遂至枯竭而为苦节。故曰其道穷也。

（中孚）䷼ 巽上
兑下

中孚，豚鱼吉。利涉大川。利贞。

四时有节，故万物信之，而各获生成。数度德行有节，故天下信之，而成其感应。孚者，感应契合之谓。中者，感应契合之源也。由中而感，故由中而应。如豚鱼之拜风，彼岂有安排布置思议测度也哉？中孚而能若豚鱼拜风，则吉矣。然欲致此道，则利涉大川，而又利贞。盖不涉川，不足以尽天下之至变。不利贞，不足以操天下之至恒。不涉川，则不能以境炼心而致用。不利贞，则不能以理融事而立本也。

《彖》曰：中孚。柔在内而刚得中。说而巽，孚乃化邦也。豚鱼吉，信及豚鱼也。利涉大川，乘木舟虚也。中孚以利贞，乃应乎天也。

合全卦而观之：二柔在内，则虚心善顺，毫无暴戾之私。分上下而观之：两刚得中，则笃实真诚，毫无情欲之杂。兑悦则感人以和，巽顺则入人必洽。故邦不祈化而自化也。信及豚鱼，犹言信若豚鱼。盖人心巧智多而机械熟，失无心之感应，不及豚鱼之拜风者多矣。故必信若豚鱼，而后可称中孚也。巽为木，为舟，浮于泽上。内虚而木坚，故能无物不载，无远不达。人之柔在内如虚舟，刚得中如坚木，斯可历万变而无败也。夫中孚即天下之至贞，惟利贞乃成中孚。此岂勉强造作所成？乃应乎天然之性德耳。试观飓风将作，豚鱼跃波。鱼何心于感风？风何心于应鱼？盖其机则至虚，其理则至实矣。吾人现在一念心性亦复如是。不在内，不在外，不在中间。不在过去，不在现在，不在未来。觅之了不可得，可谓至虚。天非此无以为覆，地非此无以为载，日月非此无以为明，鬼神非此无以为灵，万物非此无以生育，圣贤非此无以为道。体物而不可遗，可谓至实。夫十方三世之情执本虚，而心体真实，决不可谓之虚。天地万物之理体本实，而相同幻梦，决不可谓之实。是故柔与刚非二物，内与中非二处也。知乎此者，方可名贞，方可涉川，方信及豚鱼而吉矣。

《象》曰：泽上有风，中孚。君子以议狱缓死。

泽感而风应，风施而泽受。随感随应，随施随受。此中孚之至也。君子知民之为恶也，盖有出于不得已者焉。如得其情，则哀矜而勿喜。故于狱则议之。功疑惟重，罪疑惟轻也。于死则缓之。与其杀不辜，宁失不经也。如此，则杀一人而天下服。虽死不怨杀者矣。

初九。虞吉。有他不燕。

《象》曰：初九虞吉，志未变也。

君子戒慎乎其所不睹，恐惧乎其所不闻，皆是向一念未生前下手。即本体即功夫，即功夫即本体。故能遁世不见知而不悔，而天地位焉，万物育焉。所谓暗然而日章者也。才起一念，则名为他，则志变而不燕矣。小人而无忌惮，行险侥幸，皆从此一念构出，可不虞之于初也哉？中孚以天地万物为公。若专应六四，便名有他。

九二。鸣鹤在阴，其子和之。吾有好爵，吾与尔靡之。

《象》曰：其子和之，中心愿也。

刚得中而居二阴之下，此正暗然日章者也。鹤鸣子和，感应并出于天然，岂有安排勉强？故曰中心愿也。子无专指，但取同德相孚之人。

六三。得敌。或鼓或罢。或泣或歌。

《象》曰：或鼓或罢，位不当也。

若以卦体合观，则三与四皆所谓柔在内者也。今以诸爻各论，则六三阴不中正，为兑之主。本应上九，而彼方登天独鸣，不来相顾。近得六四，敌体同类。故有时欣其所得，则"或鼓"。有时怨其所应，则"或罢"。有时遥忆上九，则"或泣"。有时且娱六四，则"或歌"。皆由无德，不能当位故也。

六四。月几望。马匹亡。无咎。

《象》曰：马匹亡，绝类上也。

柔而得正，阴德之盛者也。故如月几望焉。六三妄欲得我为匹。我必亡其匹，绝其类，乃上合于天地万物为公之中孚而无咎也。

九五。有孚挛如。无咎。

《象》曰：有孚挛如，位正当也。

阳刚中正，居于尊位。德位相称，天下信之，挛如而不可移夺者也。然亦止尽中孚之道而已，岂有加哉？故但曰无咎，亦犹圆满菩提归无所得之旨欤？

上九。翰音登于天。贞凶。

《象》曰：翰音登于天，何可长也。

刚不中正。居巽之上，卦之终。自信其好名好高情见，而不知柔内得中之道者也。如雄鸡舍其牝而登鸣于屋，已为不祥，况欲登天。天不可登，人必以为怪而杀之矣。何可长也？

（小过）䷽ 震上 艮下

小过，亨。利贞。可小事，不可大事。飞鸟遗之音。不宜上宜下。大吉。

君子之制数度议德行也，使其节如天地四时，则豚鱼亦信之矣。夫岂有过也哉？自其不能应乎天者，以有他而不燕，故过或生焉。然过从求信而生，过则小矣。过生，而圣贤为之补偏救弊。如行过乎恭，丧过乎哀，用过乎俭之类。未免矫枉过正。此亦所谓小过也。夫求信而成小过，其过可改也，故亨。矫枉而为小过，其过可取也，故亨。然必要于得正而已矣。贞则小过便成无过，不贞则小过将成大过。是故当小过时，但可为小事以祈复于无过之地。不可更为大事以致酿成不测之虞。譬如飞鸟已过，遗我以音。不宜上而宜下。上则音哑而我不得闻，下则音扬而我得闻之。得闻鸟音，以喻得闻我过而速改焉，则复于无过之地。过小，而吉乃大矣。

《彖》曰：小过，小者过而亨也。过以利贞，与时行也。柔得中，是以小事吉也。刚失位而不中，是以不可大事也。有飞鸟之象焉。飞鸟遗之音。不宜上宜下大吉。上逆而下顺也。

小者即小事。小事有过，故仍不失其亨。设大者过，则必利有攸往乃亨矣。惟与时行，故虽过不失其贞。《彖》但言"贞"。《传》特点出"时行"二字。正显时当有过，则过乃所以为贞。倘不与时行，虽强欲藏身于无过之地，亦不名为贞也。且人有刚柔二德，任大事则宜用刚，处小事则宜用柔。今此卦柔得其中，得中则能与时行，故小事吉。刚失位而不中，不中则不能与时行，故不可以大事。且卦体中二阳爻如鸟之背，外各二阴如舒二翼，有似飞鸟之象。鸟若上飞，则风逆而音哑。鸟若下飞，则风顺而音扬也。钱启新曰："大过，大者过也。曰刚过而中。小过，小者过也。曰柔得中。其所谓过，皆有余之谓。"大成其大，如独立遁世等事。小成其小，如过恭过哀过俭等事。初不是过刚过柔，更不是过中。故大过之后，受之以坎离之中。小过之后，受之以既济未济之中。君子以天下与世论，须是大过。以家与身论，须是小过。大过以刚大有余为用，刚中之能事。小过以柔小有余为用，柔中之能事。刚中又巽兑二柔之用，柔中又震艮二刚之用，都不是过中之过。又匪专以坎为刚中，离为柔中。故随小大而皆亨。

《象》曰：山上有雷，小过。君子以行过乎恭，丧过乎哀，用过乎俭。

吴草庐曰："恭以救傲，哀以救易，俭以救奢。救其过以补其不足，趣于平而已。所谓时中也。"项氏曰："曰行曰丧曰用，皆见于动，以象震也。曰恭曰哀曰俭，皆当止之节，以象艮也。"

初六。飞鸟以凶。

《象》曰：飞鸟以凶，不可如何也。

阴不中正。上应九四。宜下而反上者也。凶决不可救矣。

六二。过其祖。遇其妣。不及其君。遇其臣。无咎。

《象》曰：不及其君，臣不可过也。

设欲上进，则必过九四之祖，遇六五之妣。然两阴不相应，而六二阴柔中正，居于止体。故不复上及六五之君。但遇其九四之臣。以知九四虽臣，而实有德，决不可过故也。二与四同功而异位，故有相遇之理。太公避纣而遇文王，此爻似之。

九三。弗过防之。从或戕之。凶。

《象》曰：从或戕之，凶如何也？

重刚不中，而应上六。如鸟身不能为主，反随翼而高飞。既弗肯过防闲之，必有从而戕之者矣。其凶何如？

九四。无咎。弗过遇之。往厉。必戒勿用，永贞。

《象》曰：弗过遇之，位不当也。往厉必戒，终不可长也。

九三信其刚正，自以为无咎者也。乃弗防而致戒。九四居位不当，自知其有咎者也。乃周公许其无咎，何哉？盖人惟自见有不足处，方能过于省察。尧舜其犹病诸，文王望道未见，孔子五十学《易》，伯玉寡过未能。皆此意耳。四与初应，故弗过而遇之。但使初来听命于四，则四为主而无咎。设使四往听命于初，则初反为主。喜上而不喜下。初得凶，而四亦甚厉矣。故必戒而勿用。须是永守其不宜上宜下之贞，乃可长也。

六五。密云不雨。自我西郊。公弋取彼在穴。

《象》曰：密云不雨，已上也。

阴柔不正，下无应与。虽为天下共主，膏泽不下于民。如云自西郊，虽密不雨者焉。乃使九四之公，坐收下位群贤，如弋彼在穴而不费力。盖由六五之已上，违于不宜上宜下之贞故也。此如纣不能用太公。反使文王取之。

上六。弗遇过之。飞鸟离之。凶。是谓灾眚。

《象》曰：弗遇过之，已亢也。

下应九三，而阴居动体卦极。方与初六鼓翰奋飞，故弗遇九三，而竟过之。一切飞鸟皆悉离之，遗群独上，身死羽落而后已。其凶也，盖天击之，故曰灾眚。其灾也，实自取之，故曰已亢。桀纣亡国，亦仅失其不宜上宜下之贞所致而已，岂有他哉？设肯行过乎恭，丧过乎哀，用过乎俭，何以至此？

（既济）☲☵ 坎上 离下

既济，亨小，利贞。初吉终乱。

君子之于事也，恭以济傲，哀以济易，俭以济奢。凡事适得其中，则无不济者矣。无不济故亨。不惟在大，而亦及小，盖无所不亨者也。然安不忘危，存不忘亡，治不忘乱，乃万古之正理。试观舟不覆于龙门，而覆于沟渠。马不蹶于羊肠，而蹶于平地。岂谓沟渠平地反险于龙门羊肠哉？祸每生于不测，患莫甚于无备故也。故必利贞以持之。不然，方其初得既济，皆以为吉。终必以此致乱，不可救矣。如水得火济而可饮可用。然设不为之防闲，则火炎而水枯，水决而火灭。不反至于两伤乎？

《彖》曰：既济亨，小者亨也。利贞，刚柔正而位当也。初吉，柔得中也。终止则乱，其道穷也。

小者尚亨，则大者不待言矣。六十四卦，惟此卦刚柔皆当其位，故贞。六二柔得其中，为离之主。以此济水，水方成用。故初吉。然设以为既无不济，便可终止，则必致水决火灭火、炎水枯之乱。或任其火烬水竭，故曰其道穷也。

《象》曰：水在火上，既济。君子以思患而豫防之。

方其既济。似未有患。患必随至。故君子深思而豫防。即《彖》所谓"利贞"者也。《说统》云："体火上之水以制火而防其溢，体水下之火以济水而防其烈。"

初九。曳其轮。濡其尾。无咎。

《象》曰：曳其轮，义无咎也。

六爻皆思患豫防之旨也。既济则初已济矣。轮犹曳而若欲行，尾犹濡而若欲渡，无事不忘有事。防之于初，则不至于终乱。故义无咎。

六二。妇丧其茀。勿逐，七日得。

《象》曰：七日得，以中道也。

九五阳刚中正而居君位。二以阴柔中正应之，必有小人欲为离间而窃其茀者。二得中道，故安然不寻逐之。惟勿逐乃七日自得，逐则失中道而弗得矣。"勿逐"二字，即思患豫防之妙。

九三。高宗伐鬼方。三年克之。小人勿用。

《象》曰：三年克之，惫也。

以重刚居明极，高宗伐鬼方之象也。然且三年克之，困惫甚矣。况刚明未必如高宗者乎？况可用小人以穷兵黩武殃民贼国乎？奈何不思患而豫防之也。

六四。繻有衣袽。终日戒。

《象》曰：终日戒，有所疑也。

美帛曰繻，敝絮曰袽。繻必转而为袽，可无戒乎？潘雪松云："四居三之后，离明尽而坎月方升时也。在三已称日昃之离，在四何可忘终日之戒？"蕅益曰："疑即是思患豫防之思。"

九五。东邻杀牛。不如西邻之禴祭。实受其福。

《象》曰：东邻杀牛，不如西邻之时也。实受其福，吉大来也。

离东坎西，下卦尽离明之用以致济，犹如杀牛。九五以坎中刚正之实德而享受之，曾不费力，犹如禴祭。盖虽有其德，苟无其时，不能致此。虽有其时，苟无实德，亦不能致此也。而思患豫防之旨。则在以诚不以物中见之。

上六。濡其首。厉。

《象》曰：濡其首厉，何可久也。

以阴柔居险之极，在济之终。所谓终止则乱，不能思患豫防者也。如渡水而濡其首，不亦危乎？

（未济）䷿ 离上 坎下

未济，亨。小狐汔济。濡其尾。无攸利。

既有既济，必有未济。以物本不可穷尽故也。既有未济，必当既济。以先之既济，原从未济而济故也。是以有亨道焉。然未济而欲求济，须老成，须决断，须首尾一致。倘如小狐之汔济而濡其尾，则无所利矣。

《彖》曰：未济亨。柔得中也。小狐汔济，未出中也。濡其尾无攸利，不续终也。虽不当位，刚柔应也。

六五之柔得中，所谓老成决断，而能首尾一致者也。未出中，言尚未出险中。此时正赖老成决断之才识，首尾一致之精神，而可不续终如小狐乎？然虽不当位，而刚柔相应，则是未济所可以可亨之由。

《象》曰：火在水上，未济。君子以慎辨物居方。

物之性不可不辨，方之宜不可不居。故君子必慎之也。如火性炎上，水性润下。此物之不可不辨者也。炎上而又居于上，不已亢乎？是宜居下以济水。润下而又居于下，将安底乎？是宜居上以济火。此方之不可不居者也。如水能制火，亦能灭火。火能济水，亦能竭水。又水火皆能养人，亦皆能杀人。以例一切诸物无不皆然。辨之可弗详明，居之可弗斟酌耶！

初六。濡其尾，吝。

《象》曰：濡其尾，亦不知极也。

阴柔居下。无济世才。将终于不济而可羞矣。岂知时势已极，固易为力者哉。

九二。曳其轮，贞吉。

《象》曰：九二贞吉，中以行正也。

刚而不过。以此曳轮而行，得济时之正道者也。由其在中，故能行正。可见中与正不是二理。

六三。未济征凶。利涉大川。

《象》曰：未济征凶，位不当也。

阴不中正，才德俱劣，故往必得凶。然时则将出险矣。若能乘舟以涉大川，不徒自恃其力，则险可济也。

九四。贞吉悔亡。震用伐鬼方。三年有赏于大国。

《象》曰：贞吉悔亡，志行也。

刚而不过，如日方升，得济时之德之才之位者也。故贞吉而悔亡。于以震其大明之用，伐彼幽暗鬼方，三年功成，必有赏于大国矣。济时本隐居所求之志，今得行之。

六五。贞吉无悔。君子之光，有孚吉。

《象》曰：君子之光，其晖吉也。

柔中离主以居天位，本得其正，本无有悔。此"君子之光"也。又虚己以孚九二，而其晖交映，天下仰之。吉可知矣。

上九。有孚于饮酒。无咎。濡其首。有孚失是。

《象》曰：饮酒濡者，亦不知节也。

六五之有孚吉，天下已既济矣。故上九守其成，而有孚于饮酒。乃与民同乐，无咎之道也。然君子之于天下也，安不忘危，存不忘亡，治不忘乱。苟一任享太平乐，而无竞业惕厉之心，如饮酒而濡其首，吾信其必失今日此乐。以彼不知节故。节者，如天地之四时必不可过。亦谓之极。初六柔疑太过，故云亦不知极。上九刚信太过，故云亦不知节。知极知节，则未济者得济，已济者可长保矣。

周易禅解卷八

系辞上传

伏羲设六十四卦，令人观其象而已矣。夏商各于卦爻之下，系辞焉以断吉凶。如所谓连山归藏者是也。周之文王，则系辞于每卦之下，名之曰"彖"。逮乎周公，复系辞于每爻之下，名之曰"象"。孔子既为《彖传》《象传》以释之，今又统论伏羲所以设卦。文周所以系辞，其旨趣，纲领，体度，凡例，彻乎性修之源，通乎天人之会，极乎巨细之事，贯乎日用之微。故名为"系辞之传"，而自分上下焉。

随缘不变、不变随缘之易理，天地万物所从建立也。卦爻阴阳之易书，法天地万物而为之者也。易知简能之易学，玩卦爻阴阳而成之者也。由易理方有天地万物，此义在下文明之。今先明由天地万物而为易书，由易书而成易学，由易学而契易理。

天尊地卑，乾坤定矣。卑高以陈，贵贱位矣。动静有常，刚柔断矣。方以类聚，物以群分，吉凶生矣。在天成象，在地成形，变化见矣。是故刚柔相摩。八卦相荡。鼓之以雷霆。润之以风雨。日月运行。一寒一暑。

此先明由天地万物而为易书也。《易》之乾坤，即象天地。《易》之贵贱，即法高卑。《易》之刚柔，即法动静。《易》之吉凶，即法方物。《易》之变化，即法形象。是故《易》之有刚柔相摩。八卦相荡，而变化无穷。犹天地之有雷霆风雨，日月寒暑，而万物皆备。盖无有一文一字是圣人所杜撰也。

乾道成男。坤道成女。乾知大始。坤作成物。乾以易知。坤以简能。易则易知。简则易从。易知则有亲。易从则有功。有亲则可久。有功则可大。可久则贤人之德。可大则贤人之业。易简而天下之理得矣。天下之理得。而成位乎其中矣。

此明由易书而成易学，由易学而契易理也。万物虽多，不外天地。易卦虽多，不出乾坤。圣人体乾道而为智慧，智慧如男。体坤道而为禅定，禅定如女。智如金声始条理，定如玉振终条理。智则直心正念真如，故易知而无委曲之相。定则持心常在一缘，故简能而无作辍之歧。正念真如，故吾无隐乎尔而易知。持心一缘，故无人不自得而易从。易知，故了知生佛体同而有亲。易从，故决能原始要终而有功。有亲，不惟可大而又可久，即慧之定也。有功，不惟可久而又可大，即定之慧也。德业俱备。以修显性。故得理而成位矣。易理本在天地之先，亦贯彻于天地万物之始终。今言天下之理者，以既依理而有天地，则此理即浑然在天下也。亦以孔子既示为世间圣人，故且就六合内言之。

圣人设卦观象。系辞焉而明吉凶。刚柔相推而生变化。是故吉凶者，失得之象也。悔吝者，忧虞之象也。变化者，进退之象也。刚柔者，昼夜之象也。六爻之动，三极之道也。是故君子所居而安者，易之序也。所乐而玩者，爻之辞也。是故君子居则观其象而玩其辞，动则观其变而玩其占。是以自天祐之，吉无不利。

惟其易理全现乎天地之间，而人莫能知也。故伏羲设卦以诠显之。文周又观其象，系辞焉而明吉凶，以昭告之。顺理者吉，逆理者凶也。夫易理本具刚柔之用，而刚柔各有善恶之能。刚能倡始，而过刚则折。柔能承顺，而过柔则靡。然刚柔又本互具刚柔之理。故悟理者能达其相推而生变化。是故吉凶者，即失理得理之象也。悔吝者，乃忧于未然虑于事先之象也。知吉凶之象，则必为之进退，而勿守其穷。故变化者，明示人以进退之象也。知悔吝之方，则必通乎昼夜而善达其用。故刚柔者明示人以昼夜之象也。然则六爻之动，一唯诠显三极之道而已。三极之道，即先天易理。非进非退，而能进能退。非昼非夜，而能昼能夜。天得之以立极于上，地得之以立极于下，人得之以立极于中。故名三极之道。乃即一而三，即三而一之极理也。夫易理既在天而天，在地而地，在人而人。是故随所居处无非《易》之次序，只须随位而安。只此所安之位，虽仅六十四卦中之一位。便是全体三极，全体易理。不须更向外求。而就此一位中，具足无量无边变化，统摄三百八十四种爻辞，无有不尽。是可乐而玩也。平日善能乐玩，故随动皆与理合。纵遇变故，神恒不乱，自能就吉远凶。此乃自心合于天理，故为理之所祐。岂侥幸于术数哉。

象者，言乎象者也。爻者，言乎变者也。吉凶者，言乎其失得也。悔吝者，言乎其小疵也。无咎者，善补过也。是故列贵贱者存乎位，齐小大者存乎卦，辩吉凶者存乎辞，忧悔吝者存乎介，震无咎者存乎悔。是故卦有小大，辞有险易。辞也者，各指其所之。

承上居则观其象，而言象者莫若《象》也。动则观其变，而言变者莫若爻也。彼象爻所言吉凶者，乃示人以失得之致，使人趣得而避失也。所言悔吝者，乃示人以小疵，使勿成大失也。所言无咎者，乃示人以善补其过，使还归于得也。是故位以列其贵贱。使人居上不骄，为下不倍也。卦以齐其小大，使人善能用阴用阳，不被阴阳所用也。辞以辩其吉凶，使人知吉之可趣凶之可避也。此其辩别之端甚微，非观象玩占者不能忧之。此其挽回之力须猛，非观变玩占者不能震之。是故卦有小大，辞有险易。盖明明指人以所趋之理矣。所趋之理即吉道也。自非全体合理，决不能有吉无凶。

易与天地准，故能弥纶天地之道。仰以观于天文，俯以察于地理，是故知幽明之故。原始反终，故知死生之说。精气为物，游魂为变，是故知鬼神之情状。与天地相似，故不违。知周乎万物，而道济天下，故不过。旁行而不流，乐天知命，故不忧。安土敦乎仁，故能爱。范围天地之化而不过，曲成万物而不遗，通乎昼夜之道而知，故神无方而易无体。

夫观象玩辞观变玩占者，正以辞能指示究竟所趋之理故也。易辞所以能指示极理者，以圣人作《易》，本自与天地准，故能弥合经纶天地之道也。圣人之作《易》也，仰观天文，俯察地理。知天文地理之可见者，皆是形下之器，其事甚明。而天文地理所以然之故，皆不出于自心一念之妄动安静。动静无性，即是形上之道。其理甚幽。此幽明事理，不二而二，二而不二。惟深观细察乃知之也。原其所自始，则六十四始于八，八始于四，四始于二，二始于一。一何始乎？一既无始，则二乃至六十四皆无始也。无始之始，假名为生。反其所以终，则六十四终只是八，八终是四，四终是二，二终是一，一终是无。无何终乎？无既无终，则一乃至六十四亦无终也。无终之终，假名为死。由迷此终始死生无性之理。故妄于天地间揽精气以为物，游魂灵以轮回六道而为变。是故知鬼神之情状也。圣人既如此仰观俯察，乃至鬼神之情状皆备知已，然后作《易》。所以《易》则与天地相似，故不违也。依《易》起知，知乃周乎万物，而道济天下，故不过也。依《易》起行，行乃旁行而不流，乐天知命，故不忧也。知行具足，则安土敦仁，广度含识，故能爱也。是以横则范围天地之化而不过，曲成万物而不遗。竖则通乎昼夜之道而知。横遍竖穷，安有方所。既无方所，宁有体相哉？神指圣人，《易》指理性。非无体之易理，不足以发无方之神知。非无方之神知，不足以证无体之易理。旁行者，普现色身三昧，现形六道也。不流者，不随六道惑业所牵也。乐天者，恒观第一义天也。知命者，善达十界缘起也。安土者，三涂八难皆常寂光也。敦仁者，于一切处修大慈大悲三昧也。昼者涅槃，夜者生死，了知涅槃生死无二致故。三世一照，名为通乎昼夜之道而知。

一阴一阳之谓道。继之者善也。成之者性也。仁者见之谓之仁，知者见之谓之知。百姓日用而不知，故君子之道鲜矣。显诸仁，藏诸用，鼓万物而不与圣人同忧。盛德大业至矣哉。富有之谓大业，日新之谓盛德。生生之谓易，成象之谓乾，效法之谓坤，极数知来之谓占，通变之谓事，阴阳不测之谓神。

夫易虽无体，无所不体。非离阴阳形体而别有道也。一阴一阳，则便是全体大道矣。然非善称理以起修者，不能继阴阳以立极。而即彼成位于中者，全是本性功能。乃世之重力行者，往往昧其本性。是仁者见之谓之仁也。世之重慧解者，往往不尚修持。是知者见之谓之知也。百姓又日用而不自知，故君子全性起修全修显性之道鲜矣。然仁者虽但见仁，而仁何尝不从知以显？知者虽但见知，而用何尝不随仁以藏？仁体至微而恒显，知用至露而恒藏。此即一阴一阳之道，法尔鼓舞万物而不与圣人同忧者也。不与圣人同忧，且指易之理体而言。其实圣人之忧亦不在理体外也。且圣人全体易理，则忧亦非忧矣。包含天地万物事理，故为富有。变化不可穷尽，故为日新。业业之中具盛德，德德之中具大业。故为生生。凡德业之成乎法象者皆名为乾，不止六阳一卦为乾。凡效法而成其德业者皆名为坤，不止六阴一卦为坤。极阴阳之数，而知数本无数。从无数中建立诸数，便能知来，即谓之占。非俟揲蓍而后为占。既知来者，数必有穷。穷则必变，变则通。通则久，即是学《易》之事。非俟已乱而后治已危而求安之谓事。终日在阴阳数中，而能制造阴阳，不被阴阳所测，故谓之神。自富有至谓神五句，赞易理之无体。极数三句，赞圣神之无方也。

夫易，广矣大矣。以言乎远则不御，以言乎迩则静而正，以言乎天地之间则备矣。夫乾，其静也专，① 其动也

① 一。

直。① 是以大生焉。夫坤，其静也翕，② 其动也辟。③ 是以广生焉。广大配天地，变通配四时，阴阳之义配日月，易简之善配至德。

上云生生之谓易，指本性易理言也。依易理作易书，故易书则同理性之广大矣。言远不御，虽六合之外，可以一理而通知也。迩静而正，曾不离我现前一念心性也。天地之间则备，所谓彻乎远迩，该乎事理，统乎凡圣者也。易书不出乾坤。乾坤各有动静。动静无非法界，故得大生广生而配于天地。既有动静，便有变通以配四时。随其动静，便为阴阳以配日月。乾易坤简以配至德，是知天人性修境观因果无不具在易书中矣。

子曰：《易》其至矣乎！夫《易》，圣人所以崇德而广业也。知崇礼卑。崇效天，卑法地。天地设位，而易行乎其中矣。成性存存，道义之门。圣人有以见天下之赜，而拟诸其形容，象其物宜。是故谓之象。圣人有以见天下之动，而观其会通，以行其典礼，系辞焉以断其吉凶。是故谓之爻。言天下之至赜而不可恶也，言天下之至动而不可乱也。拟之而后言，议之而后动，拟议以成其变化。

夫圣人依易理而作易书。易书之配天道人事也如此。故孔子作《传》至此，不觉深为之叹赏曰："《易》其至矣乎！夫《易》，乃圣人所以崇德而广业也。"知则高，高山顶立，故崇。礼则深，深海底行，故卑。崇即效天，卑即法地。盖自天地设位以来，而易理已行于其中矣。但随顺其本成之性，而不使一念之或亡，则道义皆从此出。更非性外有少法可得也。是故易象也者，不过是圣人见天下之赜，而拟其形容，象其物宜者耳。易爻也者，不过是圣人见天下之动，而观其会通，以行其典礼，系辞焉以断其吉凶者耳。夫天下

---

① ○。
② ― ―。
③ ×。

之物虽至赜，总不过阴阳所成。则今虽言天下之至赜，而安可恶。若恶其赜，则是恶阴阳。恶阴阳，则是恶太极。恶太极，则是恶吾自心本具之易理矣。易理不可恶，太极不可恶，阴阳不可恶，则天下之至赜亦安可恶乎？夫天下之事虽至动，总不出阴阳之动静所为。则今虽言天下之至动，而何尝乱？若谓其乱，则是阴阳有乱，太极有乱，吾心之易理有乱矣。易理不乱，太极不乱，阴阳不乱，则天下之至动亦何可乱乎？是以君子当至赜至动中，能善用其拟议。拟议以成变化，遂能操至赜至动之权。盖必先有中孚之德存于己，而后可以同人。孚德既深，虽先或号咷，后必欢笑。况本无睽隔者乎？然欲成孚德，贵在错地之一着。譬如藉用白茅，则始无不善。又贵在究竟之不变。譬如劳谦君子，则终无不吉。倘劳而不谦，未免为亢龙之悔。倘藉非白茅，未免有不密之失而所谓不出户庭者。乃真实慎独功夫。非阳为君子阴为小人者所能窃取也。

鸣鹤在阴，其子和之。我有好爵，吾与尔靡之。子曰：君子居其室，出其言善，则千里之外应之，况其迩者乎？居其室，出其言不善，则千里之外违之，况其迩者乎？言出乎身，加乎民。行发乎迩，见乎远。言行，君子之枢机。枢机之发，荣辱之主也。言行，君子之所以动天地也。可不慎乎？

同人先号咷而后笑。子曰：君子之道。或出或处。或默或语。二人同心，其利断金。同心之言，其臭如兰。

金虽至坚，同心者尚能断之。此所谓金刚心也。

初六，藉用白茅，无咎。子曰：苟错诸地而可矣。藉之用茅，何咎之有。慎之至也。夫茅之为物薄，而用可重也。慎斯术也以往。其无所失矣。

苟，诚也。诚能从地稳放，即禅门所谓脚跟稳当者也。白茅洁净而柔软，正是第一寂灭之忍。

劳谦君子有终吉。子曰：劳而不伐。有功而不德。厚之至也。语以其功下人者也。德言盛。礼言恭。谦也者，致恭以存其位者也。

慎斯术也以往，即始而见终也。亦因该果海义，致恭以存其位，令终以全始也。亦果彻因源义。

亢龙有悔。子曰：贵而无位。高而无民。贤人在下位而无辅是以动而有悔也。

不出户庭无咎。子曰：乱之所生也，则言语以为阶。君不密则失臣。臣不密则失身。几事不密则害成。是以君子慎密而不出也。

子曰：作《易》者，其知盗乎？《易》曰：负且乘，致寇至。负也者，小人之事也。乘也者，君子之器也。小人而乘君子之器。盗思夺之矣。上慢下暴，盗思伐之矣。慢藏诲盗。冶容诲淫。《易》曰"负且乘致寇至"，盗之招也。

事者心事，器者象貌。佛法所谓怀抱于结使，不应着袈裟者也。招字妙甚。可见致魔之由皆由主人。

天一地二。天三地四。天五地六。天七地八。天九地十。天数五。地数五。五位相得而各有合。天数二十有五。地数三十。凡天地之数五十有五。此所以成变化而行鬼神也。

此明河图之数，即天地之数，即所以成变化而行鬼神者也。太极无极，只因无始不觉妄动强名为一。一即属天，对动名静。静即是二，二即属地。二与一为三，三仍属天。二与二为四，四仍属地。四与一为五，五仍属天。四与二为六，六仍属地。六与一为七，七仍属天。六与二为八，八仍属地。八与一为九，九仍属天。八与二为十，十仍属地。十则数终，而不可复加，故河图只有十数。然此十数总不出于天地。除天地外别无有数。除数之外亦别无天地可见矣。总而计之。天数凡五，所谓一三五七九也。地数亦五，所谓二四六八十也。一得五而成六，六遂与一合而居下。二得五而成七，七遂与二合而居上。三得五而成八，八遂与三合而居左。四得五而成九，九遂与四合而居右。既言六七八九，必各得五而成，则五便在其中。既言一二三四，则便积而成十，十遂与五合而居中。积而数之。天数一三五七九，共成二十有五。地数二四六八十，共成三十。凡天地之数五十有五，而变化皆以此成，鬼神皆以此行矣。有阴阳乃有变化，有变化乃有鬼神。变化者，水火木金土，生成万物也。鬼神者，能生所生，能成所成，各有精灵以为之主宰也。变化即依正幻相。鬼神，即器世间主，及众生世间主耳。

　　大衍之数五十。其用四十有九。分而为二以象两。挂一以象三。揲之以四以象四时。归奇于扐以象闰。五岁再闰。故再扐而后挂。

衍，乘也。大衍，谓乘此天五地五之数，而演至于万有一千五百二十也。河图中天地之数，共计五十有五。今以天五地五，原非两五，是其定数。以对于十，亦是中数。一得之以为六，二得之以为七，三得之以为八，四得之为九，复合一二三四以成于十。故除中宫五数，以表数即非数。而惟取余五十以为大衍之数，以表从体起用。及揲蓍时，又于五十数中，存其一而不用，以表用中之体，亦表无用之用。与本体太极实非有二。夫从体起用，即不变随缘义也。用中之体，即随缘不变义也。将此四十九策，随手分而为二，安于左右。象吾心之动静。即成天地两仪。次以左手取左策执之，而以右手取右策之一，挂于左手之大指间。象人得天地合一之道而为三才。次四四以揲之。象天地间四时新新不息。次归其所奇之策，扐于左手无名指间。以象每年必有闰日。又以右手取右策执之，而以左手四四揲之。归其所奇之策，扐于左手中指之间。是名再扐。以象五岁必有两个闰月。是为再闰。已上分二，挂一，揲四，归奇，共四营而为一变。取其所挂所扐之策置之。然后再取左右揲过之策而重合之。重复分二，挂一，揲四，归奇。故云再扐而后挂也。是为二变。又取所挂所扐之策置之。然后更取左右揲过之策而重合之。重复分二，挂一，揲四，归奇。是为三变。置彼三变所挂所扐之策。但取所揲之策数之。四九三十六则为〇，四八三十二则为——，四七二十八则为——，四六二十四则为×。于是成爻。〇为阳动。动则变阴。——为阴静。——为阳静。静皆不变。×为阴动。动则变阳。故下文云，"四营成易"。三变成爻，十八变成六爻，则为卦也。此蓍草之数，及揲蓍之法。乃全事表理，全数表法。示百姓以与知与能之事。正所谓神道设教，化度无疆者矣。谓之大乘，不亦宜乎？若不以惟心识观融之。屈我羲文周孔四大圣人多矣。

乾之策，二百一十有六。坤之策，百四十有四。凡三百有六十。当期之日。二篇之策，万有一千五百二十。当万物之数也。

九七皆乾，而爻言其变。故占时用九不用七。一爻三十六策。则乾卦六爻，共计二百一十六策也。八六皆坤，而占时用六不用八。一爻二十四策，则坤卦六爻，共计一百四十四策也。合成三百六十策，可当期岁之日。然一岁约立春，至第二年春，则三百六十五日有奇。约十二月，则三百五十四日。而今云三百六十。适取其中。亦取大概言之。不必拘拘也。又合上下二篇六十四卦之策而总计之：阳爻百九十二，共六千九百一十二策。阴爻百九十二，共四千六百八策。故可当万物之数。夫期岁之日，万物之数，总惟大衍之数所表。大衍不离河图，河图不离吾人一念妄动。则时劫万物，又岂离吾人一念妄动所幻现哉？

是故四营而成易。十有八变而成卦。

一变必从四营而成。以表一念一法之中，必有生住异灭四相。三变成爻，以表爻爻各具三才之道。六爻以表三才各有阴阳。十八变以表三才各各互具而无差别。

八卦而小成。

三爻已可表三才。九变已可表互具。故名小成。

引而伸之。触类而长之。天下之能事毕矣。

八可为六十四，不过引而伸之也。三百八十四爻以定天下之吉凶，是在触类而长之也。至于触类而长，则一一卦，一一爻，皆可断天下事，而裁成辅相之能事无不尽矣。

显道神德行。是故可与酬酢，可与祐神矣。子曰：知变化之道者。其知神之所为乎？

有一必有二，有二必有四，有四必有八，有八必有六十四，有六十四必有三百八十四。然三百八十四爻，只是六十四卦。六十四卦，只是八卦。八卦只是四象，四象只是两仪。两仪只是太极。太极本不可得。太极不可得，则三百八十四皆不可得。故即数可以显道也。阴可变阳，阳可变阴。一可为多，多可为一。故体此即数之道者，可以神其德行也。既即数而悟道，悟道而神明其德。则世间至赜至动，皆可酬酢。而鬼神所不能为之事，圣人亦能佑之矣。先天而天弗违，此之谓也。人但知揲蓍为变化之数耳。若知变化之道，则无方之神，无体之易，皆现于灵知寂照中矣。故述传至此，特自加"子曰"二字，以显咨嗟咏叹之思，而《史记》自称"太史公曰"乃本于此。

《易》有圣人之道四焉：以言者尚其辞，以动者尚其变，以制器者尚其象，以卜筮者尚其占。

前文云，君子观象玩辞观变玩占。今言此四即《易》所有圣人之道也。夫玩辞则能言，观变则能动，观象则可以制器，玩占则可以卜筮决疑。言也，动也，制器也，卜筮也。圣人修身治人之事，岂有外于此四者哉？

是以君子将有为也，将有行也，问焉而以言。其受命也如向。无有远近幽深，遂知来物。非天下之至精，其孰能与于此！

君子，学圣人者也。学圣人者必学《易》。善学《易》者，举凡有为有行，必玩辞而玩占。果能玩辞玩占，则《易》之至精，遂为我之至精矣。

参伍以变。错综其数。通其变，遂成天地之文。极其数，遂定天下之象。非天下之至变，其孰能与于此！

参者，彼此参合之谓。伍者，行伍定列之谓也。虽彼此参合，而不坏行伍之定列。虽行伍定列，而不坏彼此之参合。故名参伍以变。由彼此参合，则其数相错。由行伍定列，则其数可综。故云错综其数。举凡河图洛书之成象，揲蓍求卦之法式，无不皆然。非仅偏指一种也。阴阳各有动静，故成天地之文。六十四卦各具六十四卦，故定天下之象。诚能观象以通变。观变以极数，则《易》之至变，遂为我之至变矣。

《易》，无思也。无为也。寂然不动。感而遂通天下之故。非天下之至神，其孰能与于此！

夫《易》虽至精至变，岂有思虑作为于其间哉！惟其寂然不动，所以感而遂通。诚能于观象玩辞观变玩占之中，而契合其无思无为之妙。则《易》之至神，遂为我之至神矣。

夫《易》，圣人之所以极深而研几也。唯深也，故能通天下之志。唯几也，故能成天下之务。唯神也。故不疾而速，不行而至。子曰"《易》有圣人之道四焉"者，此之谓也。

由此观之，则《易》之为书，乃圣人所以极深而研几者也。苟极其深，则至精者在我，而能通天下之志。苟研其几，则至变者在我，而能成天下之务。苟从极深研几处悟其无思无为寂然不二之体，则至神者在我。故能不疾而速不行而至矣。谓圣人之道不全寄诠于易书中可乎？今有读《易》而不知圣人之道者，何异舍醇醲而味糟粕也。

子曰：夫《易》，何为者也？夫《易》，开物成务，冒天下之道，如斯而已者也。是故圣人以通天下之志，以定天下之业，以断天下之疑。是故蓍之德圆而神，卦之德方以知，六爻之义易以贡。圣人以此洗心，退藏于密。吉凶与民同患。神以知来，知以藏往。其孰能与于此哉？古之聪明睿知，神武而不杀者夫！

此欲明易书之妙，而先示易理之大也。夫所谓易，果何义哉？盖是开一切物，成一切务，包尽天下之道者也。是故圣人依易理而成易书。以通天下之志，使人即物而悟理。以定天下之业，使人素位而务本。以断天下之疑，使人不泣歧而侥幸。是故蓍之德，极其变化而不可测也。卦之德，有其定理而不可昧也。爻之义，尽其变通而未尝隐也。夫蓍圆而神，卦方以知，爻易以贡，皆所谓寂然不动感而遂通者也。圣人即以此洗心退藏于密，所谓自明诚谓之教。能尽其性，则能尽人之性。故吉凶与民同患。神以知来，知以藏往，不俟问于蓍龟而后知吉凶也。此惟古之聪明睿知，断惑而无惑可断者，乃能与于此耳。

是以明于天之道。而察于民之故。是兴神物，以前民用。圣人以此斋戒以神明其德夫。

夫神以知来，知以藏往，则又何俟蓍龟之神物，而后断民之吉凶哉？但圣人能之。众人不能。不借蓍龟以示，则民不信也。是以明于借物显理，乃天之道。因占决疑，乃民之习。故借此蓍龟以开民用之前。而圣人亦示现斋戒然后卜筮者，正欲以此倍神明其德也。

是故阖户谓之坤，辟户谓之乾，一阖一辟谓之变，往来不穷谓之通。见乃谓之象。形乃谓之器。制而用之谓之法。利用出入，民咸用之谓之神。是故易有太极，是生两仪，两仪生四象，四象生八卦，八卦定吉凶，吉凶生大业。是故法象莫大乎天地。变通莫大乎四时。县象著明，莫大乎日月。崇高莫大乎富贵。备物致用，立成器以为天下利，莫大乎圣人。探赜索隐，钩深致远，以定天下之吉凶，成天下之亹亹者，莫大乎蓍龟。是故天生神物，圣人则之。天地变化，圣人效之。天垂象，见吉凶，圣人象之。河出图，洛出书，圣人则之。易有四象，所以示也。

系辞焉，所以告也。定之以吉凶，所以断也。《易》曰：自天祐之。吉无不利。子曰：祐者，助也。天之所助者顺也。人之所助者信也。履信思乎顺。又以尚贤也。是以自天祐之，吉无不利也。

是故德既神明，方知易理无所不在。且如阖户即谓之坤，辟户即谓之乾。一阖一辟即是变，往来不穷即是通。见即是象，形即是器。随所制用即是法，随其民用出入即是神。则乾坤乃至神明，何尝不即在日用动静间哉？凡此皆易理之固然。而易书所因作也。是故易者，无住之理也。从无住本，立一切法。所以易即为一切事理本源，有太极之义焉。既云太极，则决非凝然一法，必有动静相对之机，而两仪生焉。既曰两仪，则动非偏动，德兼动静。静非偏静，亦兼动静，而四象生焉。既曰四象，则象象各有两仪之全体全用，而八卦生焉。既曰八卦，则备有动静阴阳刚柔善恶之致，而吉凶定焉。既有吉凶，则裁成辅相之道方为有用，而大业生焉。易理本自如此，易书所以亦然也。是故世间事事物物，皆法象也，皆变通也。乃至皆深皆远，皆赜皆隐也。而法象之大者莫若天地，变通之大者莫若四时，县象著明之大者莫若日月，崇高之大者莫若天位之富贵，备物致用利天下者莫若天德之圣人。探赜索隐，钩深致远，定吉凶，令人知趋避，成亹亹，使人进德业者，莫若蓍龟之神物。是故天生神物，圣人即从而则之。天地变化，圣人即从而效之。天垂象，现吉凶，圣人即从而拟象之。河出图，洛出书，圣人即法而为八卦九畴。然则《易》之有四象，所以示人动静进退之道也。《易》有《系辞》，所以昭告以人合天之学也。《易》有吉凶定判，所以明断合理之当为，而悖理之不可为也。故大有上九之辞曰：自天祐之，吉无不利。吾深知其故也。夫天无私情，所助者不过顺理而已。人亦无私好，所助者不过信自心本具之易理而已。诚能真操实履，信自心本具之易理，思顺乎上天所助，则便真能崇尚圣贤之书矣。安得不为天所祐，而吉无不利哉？

子曰：书不尽言。言不尽意。然则圣人之意其不可见乎？子曰：圣人立象以尽意，设卦以尽情伪，系辞焉以尽其言，变而通之以尽利，鼓之舞之以尽神。乾坤其《易》之蕴耶？乾坤成列，而易立乎其中矣。乾坤毁，则无以见易。易不可见，则乾坤或几乎息矣。是故形而上者谓之道，形而下者谓之器，化而裁之谓之变，推而行之谓之通，举而措之天下之民谓之事业。是故夫象，圣人有以见天地之赜，而拟诸其形容，象其物宜。是故谓之象。圣人有以见天下之动，而观其会通，以行其典礼，系辞焉以断其吉凶。是故谓之爻。极天下之赜者存乎卦。鼓天下之动者存乎辞。化而裁之存乎变。推而行之存乎通。神而明之，存乎其人。默而成之，不言而信，存乎德行。

上文发明易理易书，及圣人作《易》吾人学《易》之旨，亦既详矣。然苟非其人，苟无其德，则随语生解。亦何以深知易理易书之妙致乎？故更设为问答，而结归其人其德行也。夫书何能尽言，言亦何能尽意。然则圣人之意岂终不可见乎？讵知圣意不尽于言，而亦未尝不寓于言。圣言不尽于书，而亦未尝不备于书。且如易书之中，亦既立象以尽意。圣意虽多，而动静二机足以该之。故乾坤二象即可以尽圣人之意也。又复设卦以尽情伪。动静虽只有二，而其中变态，或情或伪，不一而足。故六十四卦乃能尽万物之情伪也。又复系辞焉以尽其言。盖举天下事物一一言之，则劳而难遍。今借六十四卦而系以辞，则简而可周也。虽六十四卦已足收天下事物之大全，而不知事事物物中又各互具一切事物也。故变而通之，每卦皆可为六十四，而天下之利斯尽矣。虽有三百八十四爻动静陈设，若不于中善用鼓舞。使吾人随处得见易理，则亦不足以尽神，而圣人又触处指点以尽神矣。虽复触处指点。然收彼三百八十四爻大纲，总不出乾坤二法。故乾坤即《易》之蕴藏也。夫本因易理而有乾坤。既有乾坤，易即立乎其中。设毁此乾坤二法，则易理亦不可见。设不见易理本体，则乾坤依何而有。不几至于息灭哉？此甚言易外无乾坤，乾坤之外亦无易也。盖易即吾人不思议之心体。乾即照，坤即寂。乾即慧，坤即定。乾即观，坤即止。若非止观定慧，不见心体。若不见心体，安有止观定慧。是故即形而非形者，向上一着即谓之道。无形而成形者，向下施设即谓之器。道可成器，器可表道，即谓之变。从道垂器，从器入道，即谓之通。自既悟道与器之一如，以此化天下之民，即谓之事业。是故夫象也者，不过是圣人见天下之赜，而拟诸其形容象其物宜者也。夫爻也者，不过是圣人见天下之动，而观其会通，以行其典礼，系辞焉以断其吉凶者也。是以卦可极天下之赜，辞可鼓天下之动，变可尽化裁之功，通可极推行之妙。此终非书之所能尽言，亦非言之所能尽意也。神而明之，必存乎其人。而默而成之，不言而信，又必存乎德行耳。德行者，体乾坤之道而修定慧，由定慧而彻见自心之易理者也。

周易禅解卷九

系辞下传

　　八卦成列，象在其中矣。因而重之，爻在其中矣。刚柔相推，变在其中矣。系辞焉而命之，动在其中矣。吉凶悔吝者，生乎动者也。刚柔者，立本者也。变通者，趋时者也。吉凶者，贞胜者也。天地之道，贞观者也。日月之道，贞明者也。天下之动，贞夫一者也。夫乾，确然示人易矣。夫坤，隤然示人简矣。爻也者，效此者也。象也者，像此者也。爻象动乎内。吉凶见乎外。功业见乎变。圣人之情见乎辞。天地之大德曰生。圣人之大宝曰位。何以守位曰仁。何以聚人曰财。理财正辞禁民为非曰义。

　　此直明圣人作《易》，包天地万物之理，而为内圣外王之学也。盖自八卦成列，而天地万物之象已皆在其中矣。因而重之，而天地万物之交亦皆在其中矣。刚柔必互具刚柔，而天地事物之变又皆在其中矣。系辞焉而命之，而吾人慧迪从逆之动又皆在其中矣。夫吉凶悔吝，皆由一念之动而生者也。一念之动，必有刚柔以立其本。一刚一柔，必有变通以趋于时。得其变通之正者则胜，不得变通之正者则负。故吉之与凶，唯以贞胜者也。此《易》中示人以圣贤学问，全体皆法天地事理，非有一毫勉强。是故天地之道，一健一顺，各有盈虚消长之不同，皆以变通之正示人者也。日月之道，一昼一夜，亦有中昃盈缺之不定，皆以变通之正为明者也。天下之动，万别千差，尤为至赜。实不可乱，乃归极于变通之一正者也。

夫乾之变现于六十四卦，虽有一百九十二爻，无不确然示人以易矣。夫坤之变现于六十四卦，虽亦一百九十二爻，无不隤然示人以简矣。此易简之理，正所谓千变万化而贞夫一者也。爻即效此易简，象即像此易简。苟吾心之爻象一动乎内，则事物之吉凶即现乎外。吉可变凶，凶可变吉。得此善变之方，乃见裁成辅相功业。而圣人所以教人之真情，则全见乎卦爻之辞，所应深玩细观者也。是故生生之谓易。而天地之大德，不过此无尽之生理耳。圣人体天立极，其所以济民无疆者则在位耳。何以守位？则必全体天地之德，纯一不已之仁耳。仁则物我一体矣。庶必加之以富，故曰财。富必加之以教，故曰义。此内圣外王之学，一取法于天地事物者也。

古者包牺氏之王天下也。仰则观象于天。俯则观法于地。观鸟兽之文，与地之宜。近取诸身。远取诸物。于是始作八卦。以通神明之德。以类万物之情。

本法天地身物以作八卦。既作八卦，遂能通神明之德于一念，类万物之情于一身。

作结绳而为网罟。以佃以渔。盖取诸离。

驱鸟兽鱼蛇于山泽，使民得稼穑者。乃深明物各宜丽其所者也。故取诸离。

包牺氏没。神农氏作。斫木为耜。揉木为耒。耒耨之利，以教天下。盖取诸益。

鱼鸟之害既除，田畴之利方起。

日中为市。致天下之民。聚天下之货。交易而退。各得其所。盖取诸噬嗑。

农事既备。商贾随兴。

神农氏没。黄帝尧舜氏作。通其变，使民不倦。神而化之。使民宜之。易穷则变。变则通。通则久。是以自天祐之吉无不利。黄帝尧舜垂衣裳而天下治。盖取诸乾坤。

通变神化，全体乾坤之德。所谓自强不息厚德载物者也。

刳木为舟。剡木为楫。舟楫之利，以济不通。致远以利天下。盖取诸涣。

服牛乘马，引重致远，以利天下。盖取诸随。

重门击柝，以待暴客。盖取诸豫。

坤如重门。震如击柝。暴客，温陵郭氏以为初至之客，甚通。盖使动者得随地而安也。

断木为杵。掘木为臼。臼杵之利，万民以济。盖取诸小过。

弦木为弧。剡木为矢。弧矢之利，以威天下。盖取诸睽。

由上明故下悦，所谓若大旱之望雨者是也。

上古穴居而野处。后世圣人易之以宫室。上栋下宇，以待风雨。盖取诸大壮。

震木之下，别有天焉。宫室之象也。

古之葬者。厚衣之以薪。葬之中野。不封不树。丧期无数。后世圣人易之以棺椁。盖取诸大过。

以巽木入于泽穴之中。

上古结绳而治。后世圣人易之以书契。百官以治。万民以察。盖取诸夬。

以书契代语言，遂令之与天同久。

是故易者，象也。象也者，像也。彖者，材也。爻也者，效天下之动者也。是故吉凶生而悔吝著也。

由此观之。所谓易者，不过示人以象耳。而象也者，则是事物之克肖者也。所谓彖者，则是事物之材质也。所谓爻者，则是效天下之动者也。是故得有吉凶悔吝之生著也。夫动则必有吉凶悔吝之生著。君子可不思所以慎其动乎？

阳卦多阴。阴卦多阳。其故何也？阳卦奇。阴卦偶。其德行何也？阳一君而二民，君子之道也。阴二君而一民，小人之道也。

欲慎其动。当辨君民之分于身心。孟子所谓"从其大体为大人，从其小体为小人"也。观于阳卦多阴，阴卦多阳，可以悟矣。奇者，天君独秉乾纲之谓。偶者，意念夹带情欲之谓。阳一为君，而两阴之二为民以从之。所谓志壹则动气。故是君子之道。阴二为君。而两阳之一反为民以从之。所谓气壹则动志。故是小人之道。

《易》曰：憧憧往来，朋从尔思。子曰：天下何思何虑？天下同归而殊涂，一致而百虑。天下何思何虑？日往则月来，月往则日来，日月相推而明生焉。寒往则暑来，暑往则寒来，寒暑相推而岁成焉。往者屈也，来者信也，屈信相感而利生焉。尺蠖之屈，以求信也。龙蛇之蛰，以存身也。精义入神，以致用也。利用安身，以崇德也。过此以往，未之或知也。穷神知化，德之盛也。

夫心之官则思，而不知思本无可思也。能思无思之妙，则无思无虑而殊涂同归。能达无思之思，则虽一致而具足百虑。思而无思，所谓退藏于密，屈之至也。无思而思，所谓感而遂通，信之至也。屈乃所以为信。信乃所以为屈。观师所谓往复无际动静一源。肇公所谓其入离其出微，皆此理耳。法界离微之道，岂思议之可及？故曰未之或知。苟证此思即无思无思而思之妙，则可以穷神知化矣。殊途同归，一致百虑。皆所谓一君二民之道也。

《易》曰：困于石。据于蒺藜。入于其宫，不见其妻。凶。子曰：非所困而困焉，名必辱。非所据而据焉，身必危。既辱且危。死期将至。妻其可得见耶？

妄计心外有法，而欲求其故，所谓困于石也。不知万法唯心，而执有差别，所谓据于蒺藜也。无慧故名辱，无定故身危。丧法身慧命，故死期将至。永无法喜，故不见其妻。此二君一民之道也。

《易》曰：公用射隼于高墉之上。获之。无不利。子曰：隼者，禽也。弓矢者，器也。射之者，人也。君子藏器于身。待时而动。何不利之有？动而不括。是以出而有获。语成器而动者也。

禽喻惑，器喻戒定，人喻智慧。解之上六，独得其正，而居震体。如人有慧，故能以戒定断惑也。宗门云："一兔横身当古道，苍鹰才见便生擒。"亦是此意。

子曰：小人不耻不仁。不畏不义。不见利不劝。不威不惩。小惩而大诫。此小人之福也。《易》曰"屦校灭趾无咎"，此之谓也。善不积，不足以成名。恶不积，不足以灭身。小人以小善为无益而弗为也，以小恶为无伤而弗去也。故恶积而不可掩，罪大而不可解。《易》曰：何校灭耳，凶。

夫戒定之器必欲其成，障戒障定之恶必宜急去，勿轻小罪以为无殃。惩之于小则无咎，酿之于终则必凶。修心者所宜时时自省自改也。

子曰：危者，安其位者也。亡者，保其存者也。乱者，有其治者也。是故君子安而不忘危。存而不忘亡。治而不忘乱。是以身安而家国可保也。《易》曰：其亡其亡，系于苞桑。

自有因过而憬悟以进德者，自有无过而托大以退道者。故君子虽未必有过，尤宜乾乾惕厉，如否之九五可也。安其位是德，保其存是知，有其治是力。

子曰：德薄而位尊。知小而谋大。力小而任重。鲜不及矣。《易》曰：鼎折足，覆公餗，其形渥，凶。言不胜其任也。

欲居尊位，莫若培德。欲作大谋，莫若拓知。欲任重事，莫若充力。德是法身，知是般若，力是解脱。三者缺一，决不可以自利利他。

子曰：知几其神乎？君子上交不谄。下交不渎。其知几乎？几者动之微。吉之先见者也。君子见几而作不俟终日。《易》曰：介于石，不终日贞吉。介如石焉，宁用终日。断可识矣。君子知微知彰，知柔知刚，万夫之望。

此所谓德厚而位自尊者也。十法界不出一心，名之为几。知此妙几，则上合十方诸佛本妙觉心，与佛如来同一慈力，故上交不谄。下合十方六道一切众生，与诸众生同一悲仰，故下交不渎。称性所起始觉。必能合乎本觉。故为吉之先见。

子曰：颜氏之子，其殆庶几乎？有不善未尝不知。知之未尝复行也。《易》曰：不远复，无祗悔，元吉。

此所谓知大而谋自远者也。欲证知几之神，须修不远之复。

天地絪缊，万物化醇。男女构精，万物化生。《易》曰：三人行，则损一人。一人行，则得其友。言致一也。

此所谓力大而任可重者也。既有不远之复，须有致一之功。男慧女定，不使偏枯，乃可以成万德矣。

子曰：君子安其身而后动。《易》其心而后语。定其交而后求。君子修此三者故全也。危以动，则民不与也。惧以语，则民不应也。无交而求，则民不与也。莫之与，则伤之者至矣。《易》曰：莫益之，或击之，立心勿恒，凶。

惟仁可以安身，惟知可以易语，惟力可以定交。仁是断德，知是智德，力是利他恩德。有此三者，不求益而自益。今危以动则德薄，惧以语则知小。无交而求则力小，不亦伤乎？

子曰：乾坤其《易》之门耶。乾，阳物也。坤，阴物也。阴阳合德。而刚柔有体。以体天地之撰。以通神明之德。其称名也，杂而不越。于稽其类，其衰世之意耶。夫《易》，彰往而察来，而微显阐幽。开而当名辩物，正言断辞，则备矣。其称名也小。其取类也大。其旨远。其辞文。其言曲而中。其事肆而隐。因贰以济民行。以明失得之报。

有易理即有乾坤，由乾坤即通易理。如城必有门，门必通城。盖乾是阳物。在天曰阳，在地曰刚，在人曰知。坤是阴物。在天曰阴，在地曰柔，在人曰仁。而阴不徒阴，阴必具阳。阳不徒阳，阳必具阴。故阴阳合德，而刚柔有体。即天道而为地道，即地道而为人道，即人道而体天地之撰，通神明之德。易理既然，易书亦尔。所以六十四卦之名杂而不越。杂，谓大小善恶邪正吉凶之不同。不越，谓总不外于阴阳二物之德。然使上古之世，有善无恶，有正无邪，则此书亦可无作。今惟以衰世既有善恶邪正之殊。欲即此善恶邪正，仍归于非善非恶之至善，非邪非正之至正，所以方作《易》耳。是以《易》之为书，能彰往因，能察来果，能以显事会归微理，能使幽机阐成明象。故以此开示天下万世，名无不当，物无不辨，言无不正，辞无不断也。一卦只有一名故小。一名具含众义故大，包尽内圣外王之学故旨远，辞不烦而意已达故文。言偏而意无不圆，故曲而中。事定而凡情难测，故肆而隐。因决疑以明失得之报。遂令民之蚩蚩亦可避失而趋得也。

《易》之兴也，其于中古乎？作《易》者，其有忧患乎？

言其有与民同患之深心也。

是故履，德之基也。谦，德之柄也。复，德之本也。恒，德之固也。损，德之修也。益，德之裕也。困，德之辩也。井，德之地也。巽，德之制也。

心慈而力健，故为德基。内止而外顺，故为德柄。天君为主，故是德本。动而深入，故德可固。譬如为山，故为德修。鼓舞振作，故为德裕。积而能流，故为德辩。入而能出，故为德地。遍入一切，故为德制。

○素位而行之谓履，蕴高于卑之谓谦，为仁由己之谓复，动而有常之谓恒，去恶净尽之谓损，积善圆满之谓益，历境炼心之谓困，有源不穷之谓井，无入不得之谓巽。其实六十四卦，无非与民同患，内圣外王之学。且就九卦指点者，以其尤为明显故也。

履和而至。谦尊而光。复小而辩于物。恒杂而不厌。损先难而后易。益长裕而不设。困穷而通。井居其所而迁。巽称而隐。

和即兑慈，至即乾健。尊即山高，光即坤顺。小即一阳而为众阴之主。入于群动，故杂而不厌。譬如为山，方覆一篑，故先难而后易。鼓舞振作，则自然长裕。穷即泽之止水，通即坎之流水。由积故流，犹所谓隐居求志而行义达道也。井不动而泽及于物，巽能遍入一切事理深奥之域，故称而隐。

履以和行。谦以制礼。复以自知。恒以一德。损以远害。益以兴利。困以寡怨。井以辩义。巽以行权。

此正明九卦之用如此。以此而为内圣外王之学，所以能归非善非恶之至善，非邪非正之至正。而圣人与民同患之线索，亦尽露于此矣。

〇按此九卦，亦即是以余九法助成不思议观之旨。盖《易》即不思议境之与观也。作《易》者有与民同患之心，更设九法以接三根。履是真正发菩提心，上求下化。谦是善巧安心止观。地中有山，止中有观也。复是破法遍，一阳动于五阴之下也。恒是识通塞，能动能入也。损是道品调适，能除惑也。益是对治助开，成事理二善也。困是知次位，如水有流止，不可执性废修也。井是能安忍，谓不动而润物也。巽是离法爱，谓深入于正性也。

《易》之为书也不可远。为道也屡迁。变动不居，周流六虚。上下无常，刚柔相易。不可为典要。唯变所适。其出入以度。外内使知惧。又明于忧患与故。无有师保。如临父母。初率其辞，而揆其方。既有典常。苟非其人，道不虚行。

易书虽具陈天地事物之理，而其实切近于日用之间，故不为远。虽近在日用之间。而初无死法。故为道屡迁。随吾人一位一事中，具有十法界之变化。故变动不拘，周流六虚。界界互具，法法互融。故上下无常，刚柔相易。所以法法不容执着而唯变所适，唯其一界出生十界。十界趣入一界，虽至变而各有其度。故深明外内之机，使知兢业于一念之微。又明示忧患之道，及所以当忧当患之故。能令读是书者，虽无师保，而如临父母。可谓爱之深教之至矣。是以善读《易》者，初但循其卦爻之辞，而深度其所示之法。

虽云不可为典要，实有一定不易之典常也。然苟非其人，安能读《易》即悟易理，全以易理而为躬行实践自利利他之妙行哉！

《易》之为书也，原始要终，以为质也。六爻相杂，唯其时物也。其初难知，其上易知，本末也。初辞拟之，卒成之终。若夫杂物撰德，辩是与非，则非其中爻不备。噫。亦要存亡吉凶，则居可知矣。知者观其象辞，则思过半矣。二与四同功而异位。其善不同。二多誉。四多惧。近也。柔之为道，不利远者。其要无咎。其用柔中也。三与五同功而异位。三多凶。五多功。贵贱之等也。其柔危，其刚胜邪。

夫离却始终之质，则无时物。离却时物，亦无始终。故学易者，须得其大体，尽其曲折。乃可谓居观象动观变也。然虽发心毕竟二不别。而初则难知，上则易知。以二心中先心难故。既发心已，终当克果。一本一末法如是故。是以初辞拟之，卒以此而成终。顾为学者又不可徒恃初心已也。若夫遍涉于万事万物之杂途，而撰成其德行。及深辩修行之是非，则非其中之四爻不备。夫事物虽有万殊，是非虽似纷糅。岂真难辩也哉？噫！亦要归于操存舍亡迪吉逆凶之理，则所以自居者断可知矣。知者观于《象辞》，提纲挈领以定大局。则虽时物相杂，而是非可辩，思过半矣。何谓是之与非？且如二与四同是阴也。而誉惧不同，则远近之分也。三与五同是阳也，而凶功不同，则贵贱之分也。柔宜近不宜远。四之位近君，故虽多惧，而其要无咎。二之位远君，但用柔中，故多誉也。刚宜贵不宜贱。五之位贵，上位必须刚德乃克胜也。此约时位如此。若约修证者，智慧宜高远，行履宜切实稳当。故知内圣外王之学，皆于一卦六爻中备之。

《易》之为书也。广大悉备。有天道焉。有人道焉。有地道焉。兼三才而两之，故六。六者非他也。三才之道也。道有变动故曰爻。爻有等故曰物。物相杂故曰文。文不当故吉凶生焉。

上明质与时物，且约人道言之，而实三才之道无不备焉。且如三画便是三才，而三才决非偏枯单独之理。当知一一才中还具两才事理。故象之以六画，而六者非他。乃表一一画中又各还具三才之道。不但初二为地，三四为人，五上为天而已矣。是故三才各有变动之道名之曰爻，爻有初终中间之等故名曰物，物又互相夹杂不一故名曰文。文有当与不当，故吉凶从此而生。而所以趋吉避凶裁成辅相于天地者，则其权独归于学《易》之君子矣。

《易》之兴也。其当殷之末世，周之盛德邪。当文王与纣之事邪。是故其辞危。危者使平。易者使倾。其道甚大。百物不废。惧以终始。其要无咎。此之谓易之道也。

此正明学《易》之君子，于末世中而成盛德。自既挽凶为吉。又能中兴易道以昭示于天下万世也。

夫乾，天下之至健也。德行恒易以知险。夫坤，天下之至顺也。德行恒简以知阻。能说诸心。能研诸侯之虑。定天下之吉凶，成天下之亹亹者。是故变化云为，吉事有祥。象事知器，占事知来。天地设位，圣人成能。神谋鬼谋，百姓与能。八卦以象告。爻彖以情言。刚柔杂居，而吉凶可见矣。变动以利言。吉凶以情迁。是故爱恶相攻而吉凶生。远近相取而悔吝生。情伪相感而利害生。凡易之情，近而不相得，则凶。或害之，悔且吝。将叛者其辞惭。中心疑者其辞枝。吉人之辞寡。躁人之辞多。诬善之人其辞游。失其守者其辞屈。

夫易道虽甚大，而乾坤足以尽之。乾易而知险，坤简而知阻。惟其知险，故险亦成易。否则易便成险矣。惟其知阻，故阻亦成简。否则简亦成阻矣。悟此简易险阻之理于心，故悦。知此挽回险阻以成简易之不可草率，故其虑研。既悦其理，又研其虑，则知行合一。全体乾坤之德，遂可以定吉凶成亹亹也。是故世间之变化云为，举凡吉事无不有祥。圣人于此，即象事而可以知器，即占事而可以知来矣。由此观之，天地一设其位，易理即已昭著于中。圣人不过即此以成能耳。然其易理甚深奥，亦甚平常。以言其深奥，则神谋鬼谋，终不能测。以言其平常，则百姓何尝不与能哉？夫百姓何以与能？即彼八卦未尝不以象告。即彼爻彖未尝不以情言。即彼刚柔杂居，而吉凶未尝不可见也。是故易卦之变动，不过以百姓之利言也。易辞之吉凶，不过以百姓之情令其迁善也。是故百姓之爱恶相攻而吉凶生，远近相取而悔吝生，情伪相感而利害生。此百姓之情，即《易》中卦爻之情也。凡《易》之情，近而相得则吉，不相得则凶。或害之，悔且吝矣。而此相得不相得之情，能致吉凶悔吝者。岂他人强与之哉？试观将叛者其辞惭，乃至失其守者其辞屈。可见一切吉凶祸福无不出于自心，心外更无别法。此易理所以虽至幽深，实不出于百姓日用事物之间。故亦可与能也。

说卦传

昔者圣人之作《易》也。幽赞于神明而生蓍。参天两地而倚数。观变于阴阳而立卦。发挥于刚柔而生爻。和顺于道德而理于义。穷理尽性以至于命。

夫因蓍有数，因数立卦，因卦有爻。此人所共知也。借此以和顺道德，穷理尽性，此人所未必知也。且蓍之生也，实由圣人幽赞于神明而生之。数之倚也，实参两于天地。卦之立也，实观变于阴阳。爻之生也，实发挥于刚柔。此尤人所不知也。惟其蓍从圣人幽赞生，乃至爻从发挥刚柔生。故即此可以和顺道德，使进修之义条理有章。既得进修之义，则理可穷，性可尽，而天命自我立矣。作《易》之旨顾不深与。

昔者圣人之作《易》也。将以顺性命之理。是以立天之道，曰阴与阳。立地之道，曰柔与刚。立人之道，曰仁与义。兼三才而两之，故《易》六画而成卦。分阴分阳。迭用柔刚。故《易》六位而成章。天地定位。山泽通气。雷风相薄。水火不相射。八卦相错。数往者顺。知来者逆。是故《易》，逆数也。

吾人自无始以来，迷性命而顺生死。所以从一生二，从二生四。乃至万有之不同。今圣人作《易》，将以逆生死流，而顺性命之理。是以即彼自心妄现之天，立其道曰阴与阳。可见天不偏于阳，还具《易》之全理。所谓随缘不变也。即彼自心妄现之地，立其道曰柔与刚。可见地不偏于柔。亦具《易》之全理。亦随缘不变也。即彼自心妄计之人，立其道曰仁与义。仁则同地，义则同天。可见人非天地所生，亦具《易》之全理，而随缘常不变也。天具地人之两，地具天人之两，人具天地之两。故《易》书中以六画成卦而表示之。于阴阳中又分阴阳，于柔刚中互用柔刚。故《易》书中以六位成章而昭显之也。何谓六位成章，谓天地以定其位？则凡阳皆属天，凡阴皆属地矣。然山泽未始不通气，雷风未始不相薄。水火相反，而又未始相射也。是以八卦相错，而世间文章成矣。即此八卦相错之文章。若从其从一生二，从二生四，从四生八之往事者，则是顺生死流。若知其八只是四，四只是二，二只是一，一本无一之来事者，则是逆生死流。逆生死流，则是顺性命理。是故作《易》之本意，其妙在逆数也。谓起震至乾，乾惟一阳，即表反本还源之象耳。

雷以动之。风以散之。雨以润之。日以晅之。艮以止之。兑以说之。乾以君之。坤以藏之。

先以定动犹如雷，后以慧拔犹如风。法性之水如雨，智慧之照如日。妙三昧为艮止，妙总持为兑悦。果上智德为乾君，果上断德为坤藏。

帝出乎震。齐乎巽。相见乎离。致役乎坤。说言乎兑。战乎乾。劳乎坎。成言乎艮。

帝者，吾人一念之天君也。不愤不启，不悱不发。故出乎震。既发出生死心，须入法门以齐其三业。三业既齐，须以智慧之明见一切法。既有智慧，须加躬行。智行两备，则得法喜乐。又可说法度人，说法则降魔为战。战胜，则赏赐田宅，乃至解髻珠以劳之。既得授记，则成道而登涅槃山矣。

万物出乎震。震，东方也。齐乎巽。巽，东南也。齐也者，言万物之洁①齐也。离也者，明也。万物皆相见。南方之卦也。圣人南面而听天下。飨②明而治。盖取诸此也。坤也者，地也。万物皆致养焉。故曰致役乎坤。兑，正秋也。万物之所说也。故曰说言乎兑。战乎乾。乾，西北之卦也。言阴阳相薄也。坎者，水也。正北方之卦也。劳卦也。万物之所归也。故曰劳乎坎。艮，东北之卦也。万物之所成终而所成始也。故曰成言乎艮。

---

① 它本作"絜"。
② 它本作"向"。

万物皆出乎震。况为圣为贤，成佛作祖，独不出乎震邪？万物皆齐乎巽，而三业可弗齐邪？万物皆相见乎离，而智慧可弗明邪？万物皆养于坤，而躬行可弗履践实地邪？万物皆说乎兑，而可无法喜以自娱，可无法音以令他喜悦邪？阴阳相薄，即表魔佛攸分。万物所归，正是劳赏有功之意。自既成终，则能成物之始，自觉觉他之谓也。约观心者，一念发心为帝，一切诸心心所随之。乃至三千性相，百界千如，无不随现前一念之心而出入也。

神也者，妙万物而为言者也。动万物者莫疾乎雷。挠万物者莫疾乎风。燥万物者莫熯乎火。说万物者莫说乎泽。润万物者莫润乎水。终万物始万物者莫盛乎艮。故水火相逮。雷风不相悖。山泽通气。然后能变化，既成万物也。

夫神不即万物，亦不离万物，故曰妙万物也。一念菩提心，能动无边生死大海，震之象也。三观破惑无不遍，巽之象也。慧火干枯惑业苦水，离之象也。法喜辨才自利利他，兑之象也。法性理水润泽一切，坎之象也。首楞严三昧究竟坚固，艮之象也。凡此皆乾坤之妙用也。即八卦而非八卦。故曰神也。

乾，健也。坤，顺也。震，动也。巽，入也。坎，陷也。离，丽也。艮，止也。兑，说也。

健则可以体道。顺则可以致道。动则可以趋道。入则可以造道。陷则可以养道。丽则可以不违乎道。止则可以安道。说则可以行道。此八卦之德也。

乾为马。坤为牛。震为龙。巽为鸡。坎为豕。离为雉。艮为狗。兑为羊。

读此方知蠢动含灵皆有佛性。虽一物各象一卦，而卦卦各有太极全德，则马牛等亦各有太极全德矣。

乾为首。坤为腹。震为足。巽为股。坎为耳。离为目。艮为手。兑为口。

若约我一身言之，则八体各象一卦。然卦卦有太极全德，则体体亦各有太极全德矣。又体体各有太极全德，则亦各有八卦全能也。又马牛等各有首腹及与口等，则马牛等各具八卦全能尤可知也。

乾，天也。故称乎父。坤，地也。故称乎母。震一索而得男，故谓之长男。巽一索而得女，故谓之长女。坎再索而得男，故谓之中男。离再索而得女，故谓之中女。艮三索而得男，故谓之少男。兑三索而得女，故谓之少女。

只此众物各体之八卦，即是天地男女之八卦。可见小中现大，大中现小。法法平等，法法互具，真华严事事无碍法界也。

佛法释者：方便为父，智度为母。三观皆能破一切法为长男，三止皆能息一切法为长女。三观皆能统一切法为中男，三止皆能统一切法为中女。三观皆能达一切法为少男，三止皆能停一切法为少女。

乾为天。为圜。为君。为父。为玉。为金。为寒。为冰。为大赤。为良马。为老马。为瘠马。为驳马。为木果。坤为地。为母。为布。为釜。为吝啬。为均。为子母牛。为大舆。为文。为众。为柄。其于地也为黑。震为雷。为龙。为玄黄。为旉。为大涂。为长子。为决躁。为苍筤竹。为萑苇。其于马也为善鸣。为馵足。为作足。为的颡。其于稼也为反生。其究为健。为蕃鲜。巽为木。为风。为长女。为绳直。为工。为白。为长。为高。为进退。为不果。为臭。其于人也为寡发。为广颡。为多白眼。为近利市三倍。其究为躁卦。坎为水。为沟渎。为隐伏。为矫𫐓。为弓轮。其于人也为加忧。为心病。为耳痛。为血卦。为赤。其于马也为美脊。为亟心。为下首。为薄蹄。为曳。其于舆也为多眚。为通。为月。为盗。其于木也为坚多心。离为火。为日。为电。为中女。为甲胄。为戈兵。其于人也为大腹。为乾卦。为鳖。为蟹。为蠃。为蚌。为龟。其于木也为科上槁。艮为山。为径路。为小石。为门阙。为果蓏。为阍寺。为指。为狗。为鼠。为黔喙之属。其于木也为坚多节。兑为泽。为少女。为巫。为口舌。为毁折。为附决。其于地也为刚卤。为妾。为羊。

此广八卦一章。尤见易理之铺天币地，不间精粗，不分贵贱，不论有情无情。禅门所谓"青青翠竹，总是真如。郁郁黄花，无非般若"。又云"墙壁瓦砾，皆是如来清净法身"。又云："成佛作祖，犹带污名。戴角披毛，推居上位。"皆是此意。前云乾健也，坤顺也，乃至兑说也。而此健等八德则能具造十界。且如健之善者，则为天为君。其不善者，则为瘠为驳。顺之善者，则为地为母。其不善者，则为吝为黑。下之六卦无不皆然。可见不变之理常自随缘，习相远也。然瘠驳等仍是健德，吝黑等乃是顺德。可见随缘之习理元不变，性相近也。若以不变之体，随随缘之用，则世间但有天圜乃至木果等可指陈耳。安得别有所谓乾？故《大佛顶经》云"无是见者，若以随缘之用，归不变之体"，则惟是一乾健之德耳。岂更有天圜乃至木果之差别哉！故《大佛顶经》云"无非见者，于此会得"。方知孔子道脉，除颜子一人之外，断断无有能会悟者。故再叹曰"今也则亡"。

〇此中具有依正因果善恶无记烦恼业苦等一切诸法，而文章错综变化，使后世儒者无处可讨线索。真大圣人手笔！非子夏所能措一字也。欧阳腐儒乃疑非圣人所作，陋矣陋矣。

序卦传

有天地，然后万物生焉。盈天地之间者唯万物。故受之以屯。屯者，盈也。屯者，物之始生也。物生必蒙，故受之以蒙。蒙者，蒙也。物之稚也。物稚不可不养也。故受之以需。需者，饮食之道也。饮食必有讼，故受之以讼。讼必有众起，故受之以师。师者，众也。众必有所比，故受之以比。比者，比也。比必有所畜，故受之以小畜。物畜然后有礼，故受之以履。履而泰然后安，故受之以泰。泰者，通也。物不可以终通，故受之以否。物不可以终否，故受之以同人。与人同者，物必归焉，故受之以大有。有大者不可以盈，故受之以谦。有大而能谦必豫，故受之以豫。豫必有随，故受之以随。以喜随人者必有事，故受之以蛊。蛊者，事也。有事而后可大，故受之以临。临者，大也。物大然后可观，故受之以观。可观而后有所合，故受之以噬嗑。嗑者，合也。物不可以苟合而已，故受之以贲。贲者，饰也。致饰然后亨。则尽矣。故受之以剥。剥者，剥也。物不可以终尽，剥穷上反下，故受之以复。复则不妄矣，故受之以无妄。有无妄然后可畜，故受之以大畜。物畜然后可养，故受之以颐。颐者，养也。不养则不可动，故受之以大过。物不可以终过，故受之以坎。坎者，陷也。陷必有所丽，故受之以离。离者，丽也。

有天地，然后有万物。有万物，然后有男女。有男女，然后有夫妇。有夫妇，然后有父子。有父子，然后有君臣。有君臣，然后有上下。有上下，然后礼义有所错。

夫妇之道，不可以不久也，故受之以恒。恒者，久也。物不可以久居其所，故受之以遁。遁者，退也。物不可以终遁，故受之以大壮。物不可以终壮，故受之以晋。晋者，进也。进必有所伤，故受之以明夷。夷者，伤也。伤于外者必反其家，故受之以家人。家道穷必乖，故受之以睽。睽者，乖也。乖必有难，故受之以蹇。蹇者，难也。物不可以终难，故受之以解。解者，缓也。缓必有所失，故受之以损。损而不已必益，故受之以益。益而不已必决，故受之以夬。夬者，决也。决必有所遇，故受之以姤。姤者，遇也。物相遇而后聚，故受之以萃。萃者，聚也。聚而上者谓之升，故受之以升。升而不已必困，故受之以困。困乎上者必反下，故受之以井。井道不可不革，故受之以革。革物者莫若鼎，故受之以鼎。主器者莫若长子，故受之以震。震者，动也。物不可以终动，止之，故受之以艮。艮者，止也。物不可以终止，故受之以渐。渐者，进也。进必有所归，故受之以归妹。得其所归者必大，故受之以丰。丰者，大也。穷大者必失其居，故受之以旅。旅而无所容，故受之以巽。巽者，入也。入而后说之，故受之以兑。兑者，说也。说而后散之，故受之以涣。涣者，离也。物不可以终离，故受之以节。节而信之，故受之以中孚。有其信者必行之，故受之以小过。有过物者必济，故受之以既济。物不可穷也，故受之以未济终焉。

《序卦》一传，亦可作世间流转门说，亦可作功夫还灭门说，亦可作法界缘起门说，亦可作设化利生门说。在儒则内圣外王之学，在释则自利利他之诀也。

杂卦传

刚柔合德，忧乐相关。与求互换，见杂相循。起止盛衰之变态，乃至穷通消长之递乘，世法佛法无不皆然。自治治人其道咸尔，而错杂说之，以尽上文九翼中未尽之旨。令人学此《易》者，磕着砰着，无不在易理中也。笔端真有化工之妙，非大圣不能有此。

乾刚坤柔。比乐师忧。临观之义，或与或求。屯见而不失其居。蒙杂而著。

临有能临所临以卦言之，阳临阴也。以爻言之，上临下也。观有观示观瞻。二阳观示四阴。则阳为能示，阴为所示也。四阴观瞻二阳。则阴为能瞻，阳为所瞻也。建侯而利居贞，故见而不失其居。包蒙而子克家，故杂而着。

震，起也。艮，止也。损益，盛衰之始也。大畜，时也。无妄，灾也。

损下益上为衰之始，损上益下为盛之始。时无实法，而包容万事万物。故大畜须约时言。所谓多识前言往行以畜其德，三大阿僧只劫修行者是也。自恃无妄，则便成灾。所谓唯圣罔念作狂。又复道个如如，早已变了。

萃聚而升不来也。谦轻而豫怠也。

劳谦反得轻安。豫悦反成懈怠。修德者所应知。

噬嗑，食也。贲，无色也。

有间隔而可食。无采色为真贲。故违境不足惧。文采不足眩也。

兑见而巽伏也。

欲说法者，还须入定。欲达道者，先须求志。

随，无故也。蛊，则饬也。

随不宜无事生事，蛊不妨随坏随修。

剥，烂也。复，反也。晋，昼也。明夷，诛也。

烂则必反，昼则必诛。祸兮福所乘，福兮祸所乘。学《易》者所应观象玩辞观变玩占者也。

井通而困相遇也。

井不动而常通，困虽穷而相遇。此示人以自守之要道也。

咸，速也。恒，久也。

速即感而遂通。久即寂然不动。斯为定慧之道。

涣，离也。节，止也。解，缓也。蹇，难也。睽，外也。家人，内也。否泰，反其类也。

有离必有止，有缓必有难，有外必有内。有泰必有否，有否必有泰。类相反而必相乘，学《易》者不可不知。

大壮则止。遁则退也。

壮即宜止。遁即宜退。皆思患豫防之学。

大有，众也。同人，亲也。革，去故也。鼎，取新也。

众必相亲。相亲必革弊而日新其德。

小过，过也。中孚，信也。

有过不妨相规。相规乃可相信。

丰多故也。亲寡旅也。

丰必多故，旅必寡亲。素位而行，存乎其人。

离上而坎下也。

智火高照万法，定水深澄性海。

小畜，寡也。履，不处也。

但懿文德，则其道寡。虽辨定分，与时变通，而无定局。

需，不进也。讼，不亲也。大过，颠也。姤，遇也。柔遇刚也。渐，女归待男行也。颐，养正也。既济，定也。归妹，女之终也。未济，男之穷也。

不进乃可进，不亲乃可亲。大不可过，所以诫盈。柔能胜刚，所以成遇。定必须慧，故女待男。养正则吉，故须观颐。已定者不必言，但当谋其未定者耳。终则有始，穷则思通。凡此，皆言外之旨象中之意也。

夬，决也。刚决柔也。君子道长，小人道忧也。

上云乾刚坤柔，则刚柔乃二卦之德。岂可以刚决柔，使天下有乾无坤，其可乎哉？且立天之道曰阴与阳，则天亦未尝无阴也。立地之道曰柔与刚，则地亦未尝无刚也。今所谓刚决柔者，但令以君子之刚，而决小人之柔。则小人可化为君子，而君子道长。设使以小人之刚，而决君子之柔，则君子被害，而小人亦无以自立，必终至于忧矣。所以性善性恶俱不可断，而修善须满，修恶须尽也。问："何谓君子之刚："答："智慧是也。""何谓君子之柔？"答："慈悲是也。""何谓小人之刚？"答："瞋慢邪见是也。""何谓小人之柔？"答："贪欲痴疑是也。"噫！读此一章，尤知宣圣实承灵山密嘱，先来此处度生者矣。不然，何其微言奥旨，深合于一乘若此也？思之佩之。

《易解》跋

忆曩岁幻游温陵，结冬月台，有郭氏子来问《易》义，遂举笔属稿。先成《系辞》等五《传》，次成《上经》。而《下经》解未及半，偶应紫云法华之请，旋置高阁。屈指忽越三载半矣。今春应留都请，兵阻石城。聊就济生庵度夏，日长无事，为二三子商究大乘止观法门，复以余力拈示易学，始竟前稿。嗟嗟！从闽至吴，地不过三千余里。从辛巳冬至今夏，时不过一千二百余日。乃世事幻梦，盖不啻万别千差。交易耶？变易耶？至于历尽万别千差世事，时地俱易，而不易者依然如故。吾是以知日月稽天而不历，江河竞注而不流，肇公非欺我也。得其不易者，以应其至易。观其至易者，以验其不易。常与无常，二鸟双游。吾安知文王之于羑里，周公之被流言，孔子之息机于周流，而韦编三为之绝，不同感于斯旨耶？予愧无三圣之德之学，而窃类三圣与民同患之时。故阁笔而复为之跋。时乙酉闰六月二十九日也。

北天目道人古吴蕅益智旭书

周易禅解卷十

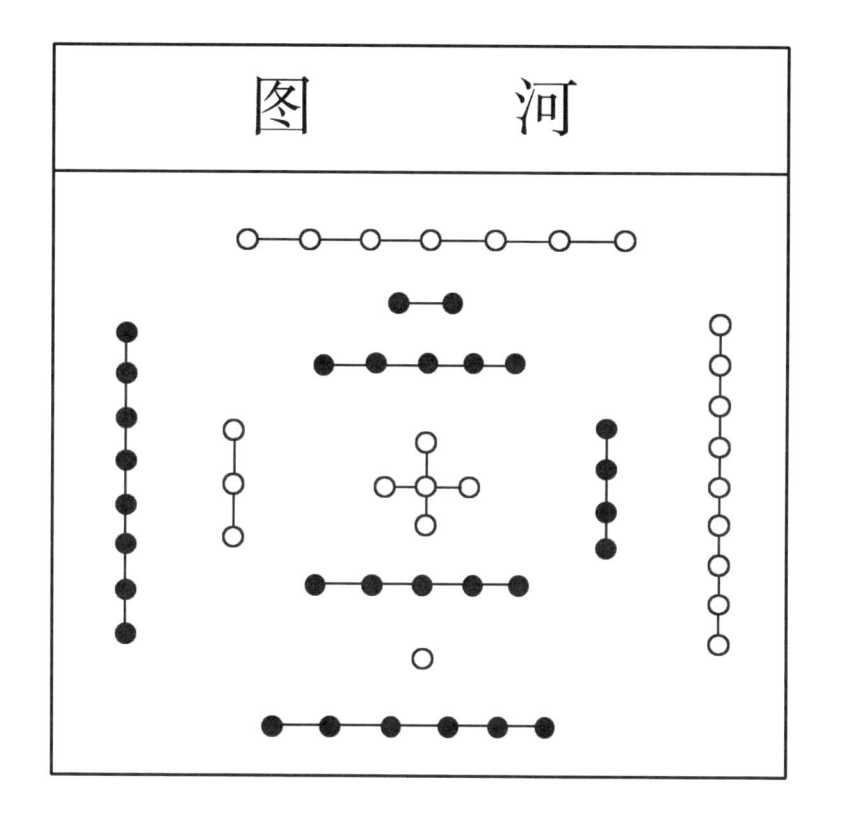

河 图

《系辞传》曰：天一地二。天三地四。天五地六。天七地八。天九地十。天数五。地数五。五位相得而各有合。天数二十有五。地数三十。凡天地之数五十有五。此所以成变化而行鬼神也。

此河图之数也。解现《系辞上传》中。

此先天之数，除中五天地生数以为太极本位，用余五十为揲蓍之策也。五位相得者，一得五而为六，二得五而为七，三得五而为八，四得五而为九，中得一二三四而为十也。各有合者，一合六，二合七，三合八，四合九，五合十也。一与九为十，二与八为十，三与七为十，四与六为十，一二三四为十，共成五十。而中之五点，每点含十，故以中五为本数也。然虽先天之数，亦含后天八卦之用。且如一六生水，故坎居正北。二七生火，故离居正南。三八生木，故震居正东。四九生金，故兑居正西。五十生土，故土仍居中。乾寄位于西北者，阳位阳数之间也。坤寄位于西南者，阴数阴位之尽也。阴阳互结而为山，故艮居东北。阴阳互鼓而为风，故巽居东南。

○约出世法者：一是地狱之恶，六是天道之善，为善恶一对。二是畜生之惑，七是声闻之解，为解惑一对。三是饿鬼之罪苦，八是支佛之福田，为罪福一对。四是修罗之瞋恚，九是菩萨之慈悲，为瞋慈一对。五是人道之杂，十是佛界之纯，为纯杂一对。又约十度修德者，一是布施，六是般若。此二为福慧之主。如地生成万物，故居下。二是持戒，七是方便。此二为教化之首。如天普覆万物，故居上。三是忍辱，八是大愿。此能出生一切善法，故居左。四是精进，九是十力。此能成就一切善法，故居右。五是禅定，十是种智。此能统御一切诸法，故居中。实则界界互具，度度互摄。盖世间之数，以一为始，以十为终。华严以十表无尽。当知始终不出一心一尘一刹那也。

洛　书

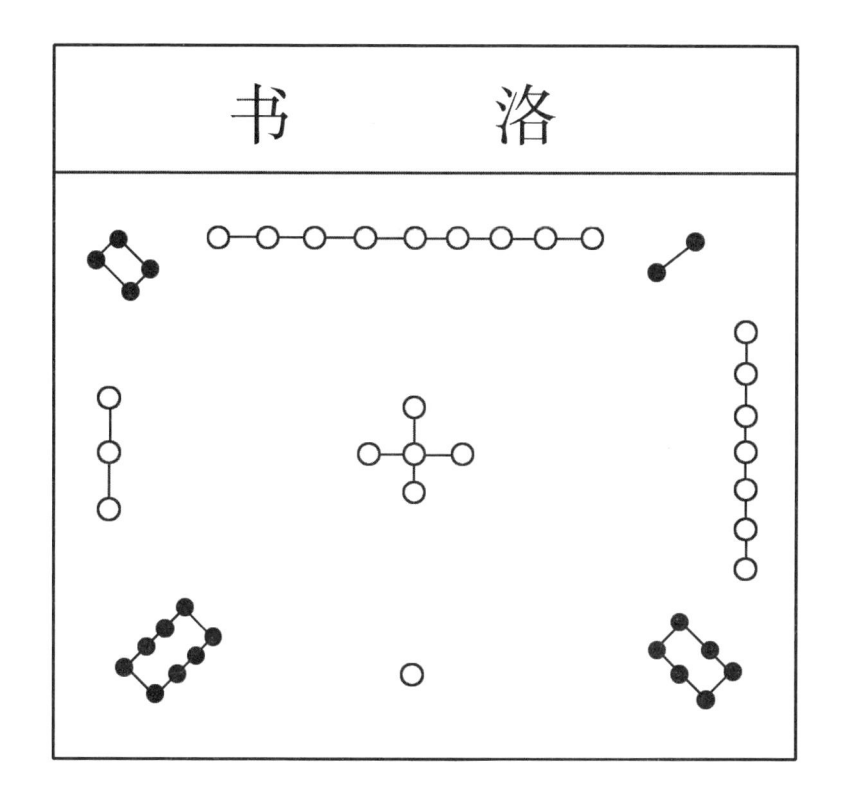

大禹因洛书而作《九畴》。今以一三五七九居四方及中央正位，以二四六八居四维偏位，又隐其十。正表阳德为政，而阴德辅之。在人，则为知及仁守之学，智巧圣力之象也。

左右前后纵横斜直视之，皆得十五之数。以表位位法法之中，皆具天地之全体满数，非分天地以为诸数也。物物一太极于此可见。

约出世法，则九界皆即佛界。故不别立佛界之十。又九波罗密皆即种智，故不别立种智之十。盖凡数法若至于十，便是大一数故。数于此终，即于此始故。

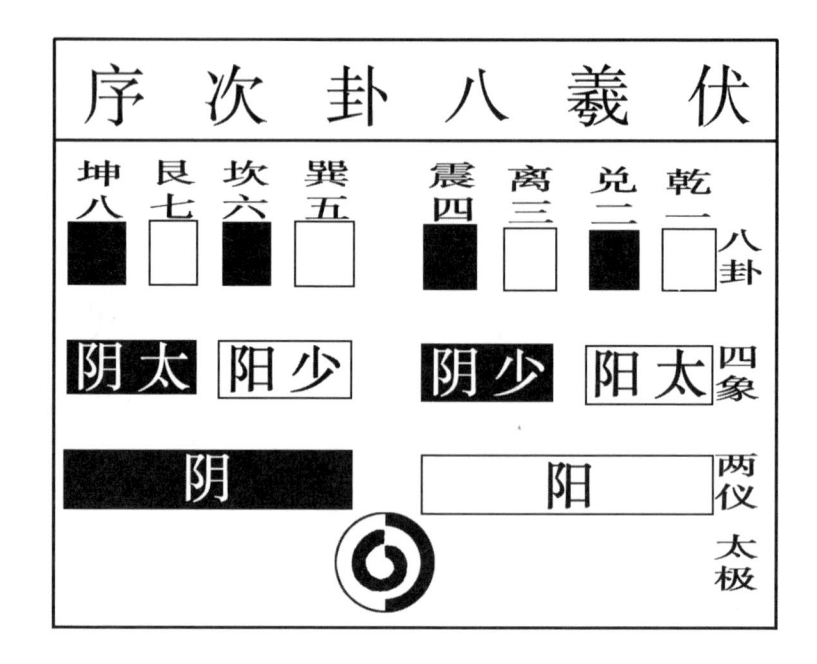

伏羲八卦次序								
坤八	艮七	坎六	巽五	震四	离三	兑二	乾一	八卦
太阴		少阳		少阴		太阳		四象
阴				阳				两仪
								太极

《系辞传》曰：易有太极，是生两仪。两仪生四象。四象生八卦。

太极非动非静，双照动静，故必具乎阴阳。阳亦太极，阴亦太极。故皆非动非静，双照动静，还具阴阳而成四象。四象亦皆即是太极。所以皆亦非动非静，双照动静，还具阴阳而成八卦。然则八卦只是四象。四象只是阴阳。阴阳只是太极。太极本无实法。故能立一切法耳。

若从一生二，从二生四，从四生八，从八生六十四等，是为顺数。若从六十四溯至八，八溯至四，四溯至二，二溯至一，一亦本无实法，是为逆数。顺数则是流转门。逆数则是还灭门。流转从阴阳二画出。还灭从阴阳二画入。故曰乾坤其《易》之门。圣人作《易》，要人即流转而悟还灭，超脱生死转回。故曰《易》逆数也。

伏羲八卦方位

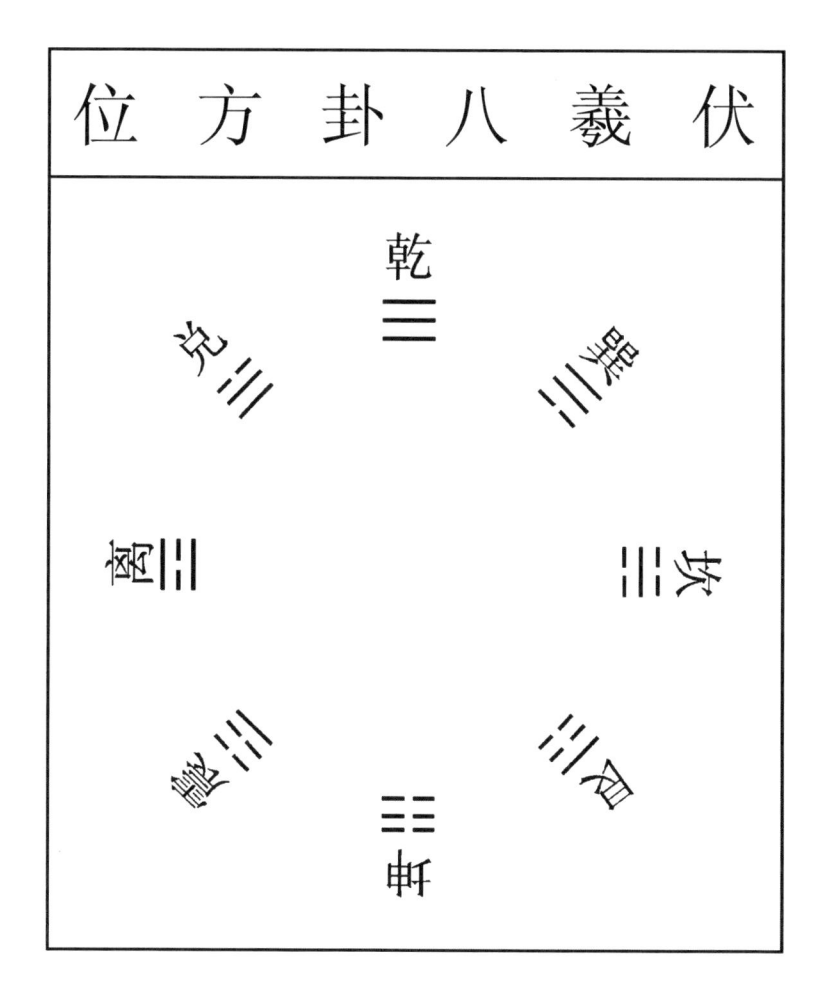

先天八卦，约体言之。乾南表天，坤北表地。离东表日。坎西表月，震居东北，动之初也。兑居东南，海之象也。巽居西南，入之初也。艮居西北，山之象也。须弥在此方视之，则居西北。日月星辰至西北，皆为须弥腰所掩，故妄计天缺西北也。

序卦四十六羲伏

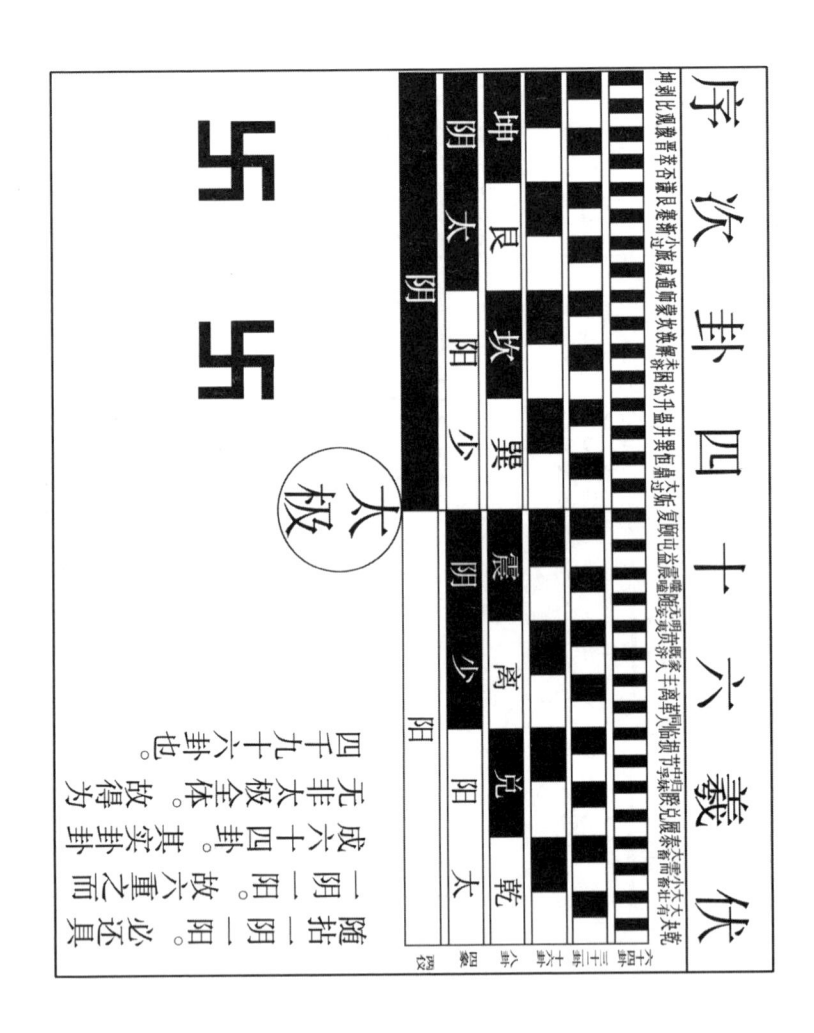

坤卦比观晋萃否谦履小畜中孚渐大壮大有
未济复颐中益震震恒井巽既兑需大畜

坤	艮	坎	巽	震	离	兑	乾
阴	阳 少			阴 少		阳	太
太 阴						阳	

太极

成一阴一阳之谓道。
无非太极全体。故其六十四卦太极全体，故其重之必
四十九卦，六十四卦也。故得为卦而其

周易禅解
224

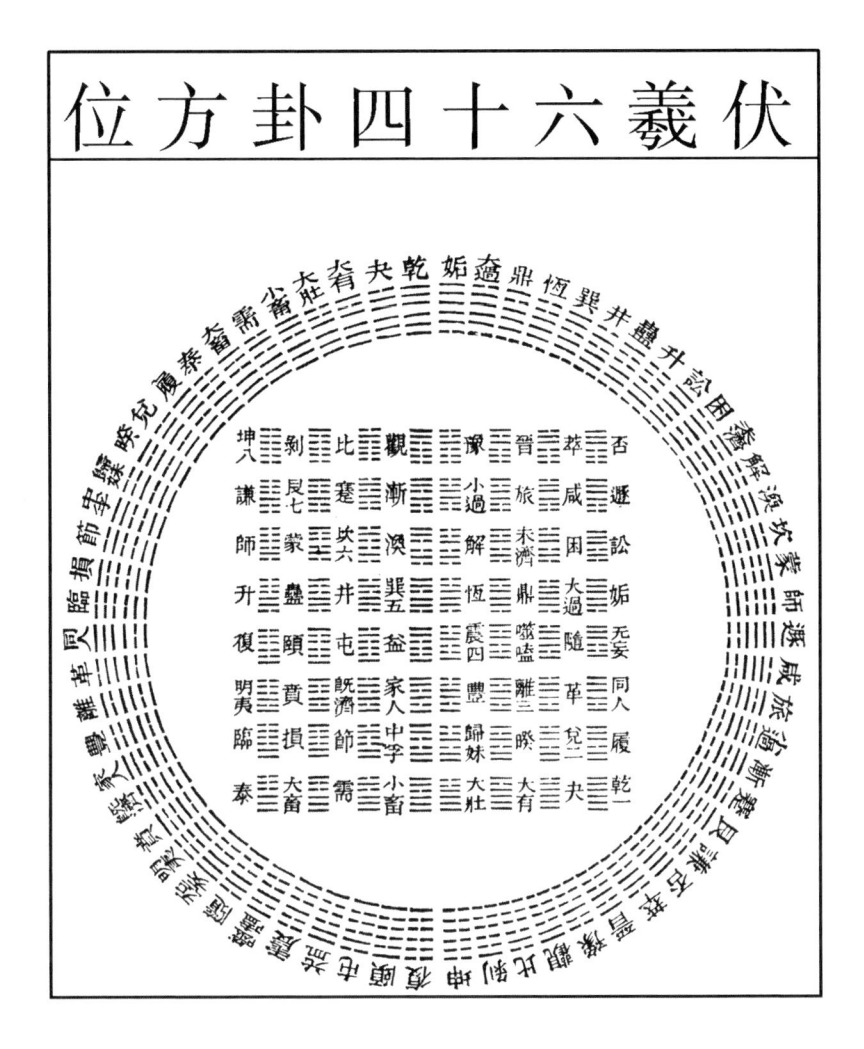

约一天下，亦以此卦图而分布之。约一省一府一县，亦各以此卦图而分布之。近约一宅，亦以此卦图而分布之。即单约一房一坐具地，亦以此卦图而分布之。大不碍小，小不碍大。大亦只是六十四卦，小亦全具六十四卦。一时一刻亦有此六十四卦，亘古亘今亦只此六十四卦。若向此处悟得，便入华严事事无碍法界。故李长者借此以明华藏世界。不然，岂令福建在南，则有乾无坤？燕都在北，则有坤无乾？天竺在西，但为坎地？支那在东，惟是离方也耶？

文王八卦次序

	坤母			乾父	
兑离巽	☷			☰	艮坎震

兑少女	离中女	巽长女	艮少男	坎中男	震长男

得坤上爻	得坤中爻	得坤初爻	得乾上爻	得乾中爻	得乾初爻

男即父，女即母。又父只是男，母只是女。坤体得乾为三男，有慧之定，即止而观也。震为观穿义，艮为观达义，坎为不观观义。乾体得坤为三女，有定之慧，即观而止也。巽为止息义，兑为停止义，离为不止止义。震动艮静，坎能动能静，乾非偏于动也。巽动兑静，离能动能静，坤非偏于静也。又震动而出，巽动而入。艮静而高，兑静而深。坎兼动静，而从上之下，上终不穷。离兼动静，而从下之上，下终不尽。信知一一皆法界也。

文王八卦方位

離

巽　　　　　坤

震　　　　　兌

艮　　　　　乾

坎

《说卦传》曰:"帝出乎震,齐乎巽。相见乎离,致役乎坤,说言乎兑。战乎乾,劳乎坎,成言乎艮。"又曰:"震,东方也。"乃至艮东北之卦也。

此须约观心工夫解释。具在《说卦传》解中。

后天八卦,约用而言离表火腾,故旺于南。坎表水降,故旺于北。交发立坚,湿为巨海,干为洲潬。潼故坎虽居北,而水轮含十方界。坤艮之土亦遍四维。火势劣水,抽为草木,故有震巽。木旺于春,故震居东方。巽亦属木,又能生火。其象为风,故居东南。地性坚者名之为金。金旺于秋,故居西方。乾亦属金,又表须弥是四宝所成,在此地之西北也。

右图说有八。或与旧同。或与旧异。只贵遥通儒释心要而已。观者恕之。蕅益敬识。

校刻《易禅》纪事

瑞叨侍大师五年，每见久精易学之士，一闻大师拈义，无不倾服。遂发心募梓全，辄以《易禅》居首。大师解《易》既毕，方出图说，故并附于末卷。或有问曰："紫阳《本义》，图说在前。谓圣人作《易》，精微之旨，全在语言文字之先，今胡得倒置耶？"大师答曰："圣人悟无言而示有言，学者因有言而悟无言。所以古有左图右书之说，何倒之有？且文字与图皆标月指耳。不肯观月，而争指之前后，不亦惑乎？"问者默然。兹因校刻，并识此语。愿我同志阅斯编者，了知文字与图无非吾人心性注脚。不作有言会，不作无言会。庶不负法恩矣。

门弟子通瑞百拜敬书

《周易禅解》十卷，连圈计字十一万五千四百十八个。又加刻卦象工十八个，由愿款支付刻资洋二百六十圆四角。

民国四年夏六月　　金陵刻经处识

周易禅解附录

《四书蕅益解》重刻序

印光大师

　　道在人心，如水在地。虽高原平地，了不见水。苟穴土而求之，无不得者。水喻吾心固有之明德，土喻吾心幻现之物欲。果能格物致知，无有不能明其明德者。然穴土取水，人无不施工求之，以非水不能生活故也。而道本心具，人多不肯施工。致物欲锢蔽真知，不知希圣希贤，甘心自暴自弃。由兹丧法身以失慧命，生作走肉行尸，死与草木同腐，可不哀哉！《四书》者，孔门上继往圣，下开来学，俾由格物致知以自明其明德，然后推而至于家国天下，俾家国天下之人，各皆明其明德之大经大法也。前乎此者，虽其说之详略不同，而其旨同。后乎此者，虽其机之利钝有异，而其效无异。诚可谓先天而天弗违，后天而奉天时，万世师表，百代儒宗也。其大纲在于明明德修道。其下手最亲切处，在于格物慎独，克己复礼，主敬存诚。学者果能一言一字皆向自己身心体究。虽一介匹夫，其经天纬地、参赞化育之道，何难得自本心？俾圣贤垂训一番苦心，不成徒设，而为乾坤大父大母增光，不愧与天地并称三才。可不自勉乎哉！

　　如来大法，自汉东传。至唐而各宗悉备，禅道大兴。高人林立，随机接物。由是濂、洛、关、闽以迄元明诸儒，各取佛法要义以发挥儒宗，俾孔颜心法，绝而复续。其用静坐参究，以期开悟者，莫不以佛法是则是效。故有功深力极，临终预知时至，谈笑坐逝者甚多。其诚意正心，固足为儒门师表。

但欲自护门庭，于所取法者，不唯不加表彰，或反故为辟驳，以企后学尊己之道，不入佛法。然亦徒为是举。不思己既阴取阳排，后学岂无见过于师之人？适见其心量狭小，而诚意正心之不无罅漏也。深可痛惜！明末蕅益大师，系法身大士，乘愿示生。初读儒书，即效先儒辟佛，而实未知佛之所以为佛。后读佛经，始悔前愆。随即殚精研究，方知佛法乃一切诸法之本。其有辟驳者，非掩耳盗铃，即未见颜色之瞽论也。遂发心出家，弘扬法化。一生注述经论四十余种，卷盈数百。莫不言言见谛，语语超宗，如走盘珠，利益无尽。又念儒宗，上焉者取佛法以自益，终难究竟贯通。下焉者习词章以自足，多造谤法恶业。中心痛伤，欲为救援。因取《四书》、《周易》，以佛法释之。解《论语》、《孟子》，则略示大义。解《中庸》、《大学》，则直指心源。盖以秉《法华》开权显实之义，以圆顿教理，释治世语言。俾灵山泗水之心法，彻底显露，了无余蕴。其取佛法以自益者，即得究竟实益。即专习词章之流，由兹知佛法广大，不易测度。亦当顿息邪见，渐生正信。知格除物欲，自能明其明德。由是而力求之，当直接孔颜心传。其利益岂能让宋、元、明诸儒独得也已。

近来各界，眼界大开。天姿高者，无不研究佛法。一唱百和，靡然风从。既知即心本具佛性，无始无终，具足常乐我净真实功德。岂肯当仁固让，见义不为，高推圣境，自处凡愚乎哉！以故伟人名士，率多吃素念佛，笃修净业。企其生见佛性，死生佛国而已。郁九龄、施调梅二居士，宿具灵根，笃信佛法。一见《四书蕅益解》，不胜欢喜。谓此书直指当人一念，大明儒释心法。于世出世法，融通贯彻。俾上中下根，随机受益。深则见深，不妨直契菩提。浅则见浅，亦可渐种善根。即欲刊板，用广流通。以此功德，恭祝现在椿萱，寿登期颐，百年报尽，神归安养。过去父母，宿业消除，蒙佛接引，往生净土。祈序于光，企告来哲。光自愧昔作阐提，毁谤佛法。以致业障覆心，悟证无由。喜彼之请，企一切人，于佛法中，咸生正信。庶可业障同消，而心光俱皆发现矣。《周易禅解》，金陵已刻。《孟子择乳》，兵燹后失传。杨仁山居士求之东瀛，亦不可得，惜哉！

蕅益大师年谱

弘一大师　撰

依大师自撰《八不道人传》，及成时《续传》录写。复检宗论中诸文增改，并参考别行诸疏序跋补订焉。己未，居钱塘，初稿。辛酉，掩室永嘉，改纂。

乙亥，住温陵月台再治。老病缠绵，精力颓弊，未能详密校理，殊自恧也。

《年谱》诸文，虽有撮略，或加润饰，但悉有所据。若述私意，则写双行小字，上冠"案"字，以区别也。

明万历二十七年己亥，一岁。

是年五月三日亥时，大师生。

俗姓钟，名际明。又名声，字振之。先世汴梁人，始祖南渡，居古吴木渎。

父名之凤，字岐仲。母金氏，名大莲。以父持《白衣大悲咒》十年，梦大士送子而生。时父母皆年四十。

庚子，二岁。

辛丑，三岁。

壬寅，四岁。

癸卯，五岁。

甲辰，六岁。

乙巳，七岁。

始茹素。己巳，大师《礼大悲铜殿偈》，有云："我幼持斋甚严肃，梦想大士曾相召。"

丙午，八岁。

丁未，九岁。

戊申，十岁。

己酉，十一岁。

庚戌，十二岁。

就外傅，闻圣学，即以千古道脉为任，嚣嚣自得。天子不得臣，诸侯不得友，于居敬慎独之功，致知格物之要，深究之。开荤酒，作论数十篇，辟异端，梦与孔、颜晤言。

辛亥，十三岁。

壬子，十四岁。

癸丑，十五岁。

甲寅，十六岁。

乙卯，十七岁。

阅《自知录序》，及《竹窗随笔》，乃不谤佛。取所著《辟佛论》焚之。

丙辰，十八岁。

丁巳，十九岁。

戊午，二十岁。

诠《论语·颜渊问仁章》，窃疑"天下归仁"语。苦参力讨，废寝忘餐者三昼夜，忽然大悟，顿见孔、颜心学。

冬十一月初五日丧父，享年五十九。闻地藏本愿，发出世心。①

己未，二十一岁。

至星家问母寿，言六十二三必有节限。遂于佛前立深誓。唯愿减我算，薄我功名，必冀母臻上寿。

庚申，二十二岁。

专志念佛，尽焚窗稿二千余篇。

天启元年，辛酉，二十三岁。

听《大佛顶经》，谓"世界在空，空生大觉"。遂疑何故有此大觉，致为空界张本，闷绝无措。但昏散最重，功夫不能成片。因决意出家，体究大事。七月三十日，撰《四十八愿》愿文。时名大朗优婆塞。

壬戌，二十四岁。

梦礼憨山大师，哭恨缘悭，相见太晚。师云："此是苦果，应知苦因。"语未竟，遽请曰："弟子志求上乘，不愿闻四谛法。"师云："且喜居士有向上

---

① 大师闻地藏本愿，发心出世，故其一生尽力宏扬赞叹地藏菩萨。弘一法师曾辑灵峰《赞地藏菩萨别集》一卷，收入地藏菩萨圣德大观内。庚午，大师结坛永斋持《大悲咒》愿文，有云："七岁断肉，未知出世正因。十二学儒，乃造谤法重业。赖善根未绝，每潜转默移。一触念于自知之序，次旋意于寂感之谭。礼乐师妙典，知佛与神殊。闻地藏昔因，知道从孝积。既怀丧父之哀，复切延慈之想。书慈悲忏法，矢志尸罗，听大佛顶经，决思离俗。"

志，虽然不能如黄檗临济，但可如岩头德山。"心又未足。拟再问，触声而醒。因思古人安有高下，梦想妄分别耳。

一月中，三梦憨师。师往曹溪，不能远从。乃从雪岭峻师剃度，命名智旭。雪师憨翁门人也。

[案]大师字蕅益，又字素华，当时诸缁素撰述中，多称素华也。将出家，先发三愿，一、未证无生法忍，不收徒众。二、不登高座。三、宁冻饿死，不诵经礼忏及化缘，以资身口。又发三拚：拚得饿死，拚得冻死，拚与人欺死。

将出家，与叔言别诗云："世变不可测，此心千古然，无限他山意，丁宁不在言。"

大师出家时，母舅谓曰："法师世谛流布，吾甥决不屑为，将必为善知识乎？"大师曰："佛且不为，况其他也。"舅曰："既尔，何用出家？"大师曰："只要复我本来面目。"舅乃叹善。

夏、秋作务云栖，闻古德法师讲唯识论，一听了了，疑与佛顶宗旨矛盾。请问。师云："性相二宗，不许和会。"甚怪之，佛法岂有二歧耶？一日，问古师云："不怕念起，只怕觉迟，且如中阴入胎，念起受生，纵令速觉，如何得脱？"师云："汝今入胎也未？"大师微笑。师云："入胎了也。"大师无语。师云："汝谓只今此身果从受胎时得来者耶？"大师流汗浃背，不能分晓。竟往径山坐禅。始受一食法。

此时即与新伊法主相识，尔后为忘年交，几三十年，自庚午岁始，每一聚首，辄晓夜盘桓佛法弗置。学人从大师游者，皆令禀沙弥戒于法主。初出家时，剃度师令作务三年，其时急要工夫成片，不曾依训。始意工夫成片，仍可作务，后以声誉日隆，竟无处讨得务单。

癸亥，二十五岁。

是春拜见幽溪尊者，时正堕禅病，未领片益。

大师坐禅径山。至夏，逼拶功极，身心世界忽皆消殒。因知此身从无始来，当处出生，随处灭尽，但是坚固妄想所现之影。刹那刹那，念念不住，的确非从父母生也。从此性相二宗，一齐透彻。知其本无矛盾，但是交光邪说大误人耳。是时一切经论，一切公案无不现前。旋自觉悟，解发非为圣证，故绝不语一人。久之，则胸次空空，不复留一字脚矣。秋，住静天台。腊月初八日，从天台蹠冰冒雪，至杭州云栖。苦到恳古德贤法师为阿阇梨，向莲池和尚像前，顶受四分戒本。

甲子，二十六岁。

正月三日，于三宝前，然香刺血，寄母书。劝母勿事劳心，惟努力念佛，求出轮回。

十二月廿一日，重到云栖，受菩萨戒。后一日，撰《受菩萨戒誓文》。

大师甫受菩萨戒，发心看《律藏》。阇梨古德师试曰："汝已受大，何更习小？"对曰："重楼四级，上级既造，下级可废耶？"师曰："身既到上层，目岂缘下级？"对曰："虽升他化，佛元不离寂场。"

乙丑，二十七岁。

是春，就古吴阅《律藏》一遍，方知举世积伪。四旬余，录《出毗尼事义要略》一本。仅百余纸。此后仍一心究宗乘。

同二三法友结夏。

寄剃度师雪岭及阇梨古德师书。痛陈像季正法衰替，戒律不明。词至恳切。

乙丑、丙寅两夏，为二三友人逼演《大佛顶要义》二遍。实多会心，愿事阐发，以志在宗乘，未暇笔述。

丙寅，二十八岁。

母病笃。四刲肱不救。痛切肺肝。

六月初一日，母亡。享年六十七。大师赋《四念处》以写哀。

葬事毕。焚弃笔砚，矢往深山。道友鉴空、如宁留掩关于吴江之松陵。关中大病，乃以参禅工夫，求生净土。

丁卯，二十九岁。

崇祯元年，戊辰，三十岁。

是春出关，朝南海，觐洛伽山，将往终南。遇道友雪航公，愿传律学，留住龙居。是夏，第二次阅律藏一遍，始成《毗尼事义集要》四本《及梵室偶谈》。

是年，在龙居阅藏，于一夏中，仅阅千卷。夏初遇惺谷师，乃订交焉。时惺谷师尚未剃染。仲冬，又获交归一师。于是二友最得交修之益，同结冬。

刺舌血书《大乘经律》。撰《刺血书经愿》文，及书《佛名经回向文》。

过槜李东塔，见人上堂，有感。赋偈云："树杪声声泣露哀，岸舟鱼背漫相猜。宗乘顿逐东流下，触目难禁泪满腮。""一滴狐涎彻体腥，当阳鸦立法王庭。却惭普眼能弘护，犹使天人掩耳听。""聋人听曲哑人歌，跛蹩相将共伐柯。今日已成冥暗界，不知向后又如何。"

己巳，三十一岁。

正月十五日，为同学比丘雪航智师讲《四分戒本》，并刺血书愿文。

是春，同归一筹师，送惺谷至博山，依无异舣禅师薙发。舣禅师见大师所著《毗尼事义集要》，喜之。即欲付梓，大师不许。

在博山，遇璧如镐师，详论律学，遂与订交。

随无异舣禅师至金陵，盘桓百有十日。尽谙宗门近时流弊，乃决意弘律，大师律解虽精而自谓"烦恼习强，躬行多玷，故誓不为和尚。""三业未净，谬有知律之名，名过于实"，引为"生平之耻"。

是春，撰持咒先白文。愿持灭定业真言百万，观音灵感、七佛灭罪、药师灌顶、往生净土真言各十万。次当结坛持大悲咒十万。①

母亡三周年，乞善友课持经咒。撰为母三周求拔济启，及为母发愿回向文。

秋，游栖霞，始晤自观印阇梨。赠以偈云："举世不知真，吾独不爱假。羡君坦夷性，堪入毗尼社。"

是冬，同归一筹师结制龙居。第三次阅律一遍。至除夕，第三次阅律藏毕，录成六册，计十八卷。

撰《礼大报恩塔偈》，《持准提咒愿文》，《礼大悲铜殿偈》，《起咒文》，《除夕白三宝文》。

撰《尚友录序》。

庚午，三十二岁。

春，病滞龙居。正月初一，然臂香，刺舌血，致书惺谷。三月尽，惺谷同如是昉公从金陵回，至龙居，请季贤师为和尚，新伊法主为羯磨阇梨，觉源法主为教授阇梨，受比丘戒。经三阅律，始知受戒如法不如法事。彼学戒法，固必无此理，但见闻诸律堂，亦并无一处如法者。

是春，归一筹师作《毗尼事义集要跋》。

撰《阅律礼忏总别二疏》，《安居论律告文》，《为母四周愿文》，《为父十二周求荐拔启》。结夏安居，为惺谷寿、如是昉、雪航三友细讲《毗尼事义集要》一遍。添初、后二集，共成八册。虽然尽力讲究，不意或寻枝逐叶，不知纲要。或东扯西拽，绝不留心。或颇欲留心，身婴重恙听不及半。其余随缘众，无足责者。大师大失所望。

拟注梵网，作四阄问佛。一曰宗贤首，二曰宗天台，三曰宗慈恩，四曰自立宗。频拈，得天台阄。于是究心台部，而不肯为台家子孙。以近世台家与禅宗贤首慈恩，各执门庭，不能和合故也。时人以耳为目，皆云大师独宏

---

① 指持地藏菩萨灭定业真言。

台宗，谬矣谬矣。

［案］大师法语，示如母云："予二十三岁，即苦志参禅，今辄自称私淑天台者，深痛我禅门之病，非台宗不能救耳。奈何台家子孙，犹固拒我禅宗，岂智者大师本意哉！"复松溪法主书云："私淑台宗不敢冒认法派。诚恐著述偶有出入，反招山外背宗之诮。""然置弟门外，不妨称为功臣。收弟室中，不免为逆子。知我罪我，听之而已。"

撰《结坛水斋持大悲咒愿文》，《为父回向文》。

辛未，三十三岁。

是春，《撰毗尼事义集要序》于皋亭古永庆寺。先是真寂闻谷老人，博山无异禅师，劝将《毗尼事义集要》付梓流通。乃同璧如、归一二友商榷参详，备殚其致。惺谷以此书呈金台法主，随付梓人，至今岁于皋亭佛日寺刊成。

春，同新伊法主礼大悲忏于武林莲居庵。

撰《楞严坛起咒》及《回向》二偈。

八月，惺谷师示寂于佛日。师病时，大师割股救之。并赋偈云："幻缘和合受兹身，欲剜千疮愧未能。爪许薄皮聊奉供，用酬严惮切磋恩。"

九月，入孝丰。取道武林，晤璧如师，不旬日，师示寂。着惺谷、璧如二友合传。

始入北天目灵峰山过冬，即灵岩寺之百福院也。有句云："灵峰一片石，信可矢千秋。"时山中无藏，为作请藏因缘。是冬，在灵峰讲《毗尼事义集要》七卷。次夏，续完。听者十余人，惟彻因比丘能力行之。

是冬，有温陵徐雨海居士，向大师说占察妙典。大师倩人特往云栖请得书本。一展读之，悲欣交集。撰《读持回向偈》。

壬申，三十四岁。

结夏灵峰。为自观师秉羯磨授具戒。

撰《龙居礼大悲忏文》，及《礼大悲忏愿文》。

癸酉，三十五岁。

是春，为灵峰请藏至，未装。

撰《西湖寺安居疏》。结夏金庭西湖寺，细《讲毗尼事义集要》一遍。听者九人。能留心者，唯彻因、自观及幻缘三比丘。

撰《前安居日供阄文》。前安居日，大师自念再三翻读律藏，深知时弊多端，不忍随俗诪讹，共蚀如来正法。而自受具，心虽殷重，佛制未周。爰作八阄，虔问三宝。若智旭比丘戒从心感得，十夏行持，当得作和尚阄。若得戒前，轻犯未净，当得礼忏作和尚阄，先行忏法。若未得不成遮难，或已得未堪作范，当得见相好作和尚阇，礼忏求相。若不成难而未得，当得重受阇，如法秉受，更满十夏。若成盗难而通忏，当得礼忏重受阇。若已成难，当得菩萨沙弥阇。若不许沙弥法，当得菩萨优婆塞阇。若一切戒法悉遮，当得但三归阇。若得作和尚等三阇，誓忘身命，护持正法。宁受剧苦，作真声闻。不为利名，作假大乘。若得重受等二阇，敦弟子职，誓不貌法。若得菩萨沙弥阇，誓尊养比丘，护持僧宝。若得菩萨优婆塞阇，誓以身命护正法，终不迷失菩提心。若得但三归阇，誓服役佛法僧间，种种方便，摧邪显正。并然香十炷，一夏持咒加被。至自恣日，更然顶香六炷，撰自恣日拈阇文，遂拈得菩萨沙弥阇。

撰《礼净土忏文》二首。

冬，述占察行法。

甲戌，三十六岁。

癸酉、甲戌之际，大师匍匐苦患。彻因比丘独尽心竭力相济于颠沛中，毫无二心。

是冬，在吴门幻住庵，讲《毗尼事义集要》一遍。听者仅五六人，惟自观、僧聚二比丘能力行之。

撰《礼金光明忏文》。

乙亥，三十七岁。

春，阻雨祥符。始晤影渠、道山（字灵隐）二师，为莫逆交。是冬，大师遘笃疾，二师尽力调治，不啻昆季母子也。

撰《讲金光明忏告文》。

夏初，住武水智月庵，讲演《占察经》。是时即有作疏之愿，病冗交沓，弗克如愿。述《戒消灾略释》、《持戒犍度略释》，《盂兰盆新疏》。

丙子，三十八岁。

是春，大师自辑《净信堂初集》。

三月，遁迹九华，礼地藏菩萨塔，求决疑网，拈得阅藏著述一阇。于彼抱病，腐滓以为馔，糠秕以为粮，忘形骸，断世故。续阅藏经千余卷。撰《九华地藏塔前愿文》，《亡母十周愿文》。

丁丑，三十九岁。

是岁夏、秋之际，居九子别峰，述梵网合注。先是如是昉公，远从闽地，携杖来寻。为其令师肖满全公，请讲此经，以资冥福。复有二三同志，欢喜乐闻。大师由是力疾敷演，不觉心华开发，义泉沸涌，急秉笔而随记之。共成《玄义》一卷，《合注》七卷。

[案]梵网合注初刊之板,存金陵古林庵,后康熙丙辰岁,沈书准应成时师之请,重刻板,送嘉兴楞严寺入藏流通。(见沈书准《跋》)日本元禄五年所刊之板,即据此也。

撰《完梵网告文》,《赞礼地藏菩萨忏愿仪》。

自观印阇梨自武水寻大师于九子别峰,商证梵网佛顶要旨。大师见其躬行有余,慧解不足,设坛中十问拶之。

梦感正法衰替,痛苦而醒,写怀二偈云:"魔军邪帜三洲遍,孽子孤忠一线微。梦断金河情未尽,醒来余泪尚沾衣。""休言三界尽生盲,珠系贫衣性自明。肯放眼前闲活计,便堪劫外独称英。"

戊寅,四十岁。

结夏新安,重拈佛顶妙义,加倍精明。

四十初度诗云:"物论悠悠理本齐,年来渐觉脱筌蹄。拳开非实掌元在,色去惟空眼不迷。流水有心终汇海,落花无语亦成溪,刹那生处生何性,却笑威音劫外提。"

自辑绝余编。

秋,践诵帚师之约,入闽。渡洪塘,往温陵。

十一月撰陈罪求哀疏。

己卯,四十一岁。

住温陵。

诵帚昉师及一切知己坚请疏解《大佛顶经》。大师感其意,兼理夙愿。在小开元撰述《玄义》二卷,《文句》十卷。

刊佛顶玄义,板藏大开元寺之甘露戒坛。

如是师示寂。助其念佛,并为撰《诵帚师往生传》。

撰《为如是师六七礼忏疏》,《挽如是师诗》。

庚辰,四十二岁。

住漳洲。

述《金刚破空论》,(在温陵刊)《蕅益三颂》,《斋经科注》。

辛巳,四十三岁。

结冬温陵月台。有郭氏问《易》,遂举笔述《周易禅解》,稿未及半,以应请旋置。①

---

① 今泉州大开元寺藏有大师施赠之梵网经两部。卷末有大师亲笔题识。文曰:"崇祯辛巳。古吴智旭,喜舍陆部。奉大开元寺甘露戒坛,永远持诵。"

壬午，四十四岁。

是夏，自辑《闽游集》。

自温陵返湖州。

述《大乘止观释要》。

灵峰山中藏经装成。

撰《铁佛寺礼忏文》。

癸未，四十五岁。

结夏灵峰。

是岁结制。简阅藏经，仅千余卷。

崇祯十七年 清顺治元年 甲申，四十六岁。

是秋，居槜李，游鸳湖宝寿堂。撰《游鸳湖宝寿堂记》。

返灵峰。有句云："灵峰片石旧盟新。"

九月，述《四十二章经》、《遗教经》、《八大人觉经解》。

是岁，大师退作但三归依人。

撰《礼慈悲道场忏法愿文》，《佛菩萨上座忏愿文》。

乙酉，四十七岁。

自去岁退作但三归人以来，勤礼千佛、万佛及占察行法。于今岁元旦获清净轮相。

夏，撰《周易禅解》竟。

撰《大悲行法道场愿文》。

是秋，住祖堂及石城北，共阅藏经二千余卷。

是岁，紫竹林颛愚大师遣七人来学。

丙戌，四十八岁。

晤妙圆尊者于石城之隈，同住济生庵。

撰《占察行法愿文》。

丁亥，四十九岁。

三月，述唯识心要，相宗八要直解。九月，述《弥陀要解》，《四书蕅益解》。

去岁，颛愚大师坐脱于紫竹林。门人以陶器奉全身供于林之山阳。今年弟子请归云居，于是金陵缁素以所存爪发衣钵，就山阳建塔供养。大师为撰志铭。

是冬，自辑《净居堂续集》。

居祖堂幽栖寺。除夕普说。

戊子，五十岁。

成时师始晤大师。大师一日顾成时师曰："吾昔年念念思复比丘戒法，迩年念念求西方耳。"成时师大骇，谓何不力复佛世芳规耶？久之，始知师在家发大菩提愿以为之本，出家一意宗乘，径山大悟后，彻见近世禅者之病，在绝无正知见，非在多知见。在不尊重波罗提木叉，非在着戒相也。故抹倒禅之一字，力以戒教匡救，尤志求五比丘如法共住，令正法重兴。后决不可得，遂一意西驰。冀乘本愿轮，仗诸佛力，再来与拔。至于随时著述，竭力讲演，皆聊与有缘下圆顿种，非法界众生一时成佛，直下相应，太平无事之初志矣。

是冬，自辑《西有寝余》。

己丑，五十一岁。

九月，从金陵归卧灵峰。

撰《北天目十二景颂》。

腊月，力疾草《法华会义》。翌年正月告成。

庚寅，五十二岁。

结夏北天目，究心毗尼，念末世欲得净戒，舍占察轮相之法，更无别涂。

六月，述《占察疏》。

自癸酉迄今十余年，毗尼之学无人过问者，而能力行之彻因、自观、僧聚三比丘，又皆物故。毗尼之学，真不啻滞货矣。是夏安居灵峰，乃有心学律者十余人，请大师重讲。大师念向所辑，虽诸长并采，犹未一一折衷。又问辩、音义二书，至今未梓。因会入集要而重治之，兼削一二繁芜，以归简切。名曰《重治毗尼事义集要》。

六月二十一日，《撰重治毗尼事义集要序》。

安居竟，重拈自恣芳规，悲欣交集，慨然有作。赋偈云："秉志慵随俗，期心企昔贤。拟将凡地觉，直补涅槃天。半世孤灯叹，多生缓戒愆，幸逢针芥合，感泣泪如泉。正法衰如许，谁将一线传，不明念处慧，徒诵木叉篇。十子哀先逝，诸英喜复联。四弘久有誓，莫替马鸣肩。"

八月初八日，撰《重治毗尼事义集要跋》。

与见月律主书。谈论律学，冀获良晤。

冬，住祖堂。

辛卯，五十三岁。

夏，结制长干。

九月，重登西湖寺。

是冬，归卧灵峰。重订选佛图。

壬辰，五十四岁。

结夏晟溪。

草《楞伽义疏》。八月，迁长水南郊冷香堂，乃阁笔。

秋，辑《续西有寱余》。

是岁腊月，草《自传》。先是是秋大师决志肥遁，缁素遮道不得，请述行脚。冬，憩长水营泉寺，念行脚未尽致，复述兹传，曰《八不道人传》。取中论八不，梵网八不之旨。又大师自云："古者有儒有禅有教有律，道人既蹴然不敢。今亦有儒有禅有教有律，道人又艴然不屑。故名八不也。"①

住长水，阅藏经千卷。

癸巳，五十五岁。

是春，大师过古吴。删改自述《八不道人传》。故从古吴传至留都，与长水本数处不同。后成时师谓传收著述未尽，请补。于是与古吴本又增数句矣。

夏四月，入新安。结后安居于歙浦天马院。五月著《选佛谱》。阅《宗镜录》。删正法涌、永乐、法真诸人所篡杂说，引经论之误，及历来写刻之伪。于三百六十余问答，一一定大义，标其起尽。阅完，七月作《校定宗镜录跋》四则。又汰《袁宏道集》，存一册，名袁子。

秋八月，游黄山白岳诸处。

冬，复结制天马。著《起信论裂网疏》。②

甲午，五十六岁。

正月应丰南仁义院请。法施毕，出新安。二月后褒洒日，还灵峰。自辑《幻住杂编》。夏卧病。选《西斋净土诗》，制赞补入《净土九要》，《名净土十要》。

夏竟，病愈。七月，述儒释宗传窃议。八月，续阅大藏竟。九月，成《阅藏知津》、《法海观澜》二书。

九月一日，撰《阅藏毕愿文》。计前后阅《律》三遍，《大乘经》两遍，《小乘经》及《大小论》两土撰述各一遍。③

---

① 大师一号"西有"，出家前曾用"金闾逸史"号。

② 是岁大师在歙浦栖云院演说弥陀要解，释义分科，间有与前不同。由性旦师录出。甲午冬，大师病中，复口授数处令改正，名歙浦本。即今十要中之流通本也。

③ 大师阅藏毕然香愿文有云："窃见南北两藏，并皆模糊失次，或半满不辨；或经论互名，或真伪不分，或巧拙无别。虽有宋朝法宝标目，明朝汇目义门，并未尽美尽善，今辄不揣，谬述阅藏知津、法海观澜二书，倪不背佛旨，乞得成就流通。"又大师佛顶玄文后自序云："深痛末世禅病，方一意研穷教眼，用补其偏。虽遍阅大藏，而会归处不出梵网、佛顶二经。"

冬十月，病。复有《独坐书怀》四律，中有"庶几二三子，慰我一生思"之句。十一月十八日，有病中口号偈。腊月初三，有《病间偶成》一律，中有"名字位中真佛眼，未知毕竟付何人"之句。是日口授遗嘱。立四誓。命以照南、等慈二子传五戒菩萨戒。命以照南、灵晟、性旦三子代座代应请。命阇维后，磨骨和粉面，分作二分。一分施鸟兽，一分施鳞介，普结法喜，同生西方。十三起净社，撰《大病中启建净社愿文》。嗣有《求净土偈》六首。除夕有《艮六居铭》，有偈。

是岁多病。寄钱牧斋书云："今夏两番大病垂死，季秋阅藏方竟。仲冬一病更甚，七昼夜不能坐卧，不能饮食，不可疗治，无术分解。唯痛哭称佛菩萨名字，求生净土而已。具缚凡夫损已利人，人未必利，己之受害如此。平日实唯在心性上用力，尚不得力。况仅从文字上用力者哉？出生死，成菩提，殊非易事。非丈室谁知此实语也。"

乙未，五十七岁。

元旦有偈云："爆竹声传幽谷春，苍松翠竹总维新。泉从龙树味如蜜，石镇雄峰苔似鳞。课续三时接莲漏，论开百部拟天亲。况兼已结东林社，同志无非法藏臣。""法藏当年愿力宏，于今旷劫有同行。岁朝选佛归圆觉，月夜传灯显性明。万竹并沾新令早，千梅已露旧芳英。诸仁应信吾无隐，快与高贤继宿盟。"

正月二十日，病复发。二十一日晨起病止。午刻，趺坐绳床角，向西举手而逝。世寿五十有七岁。法腊三十四。僧夏，从癸亥腊月至癸酉自恣日，又从乙酉春至乙未正月，共计夏十有九。

大师生平不曾乞缁素一字，不唯佛法难言，知己难得，亦鉴尚处名之陋习，而身为砥也。西逝时，诚勿乞言，徒增诳误。

大师著述，除《灵峰宗论》十卷外，其释论则有：《阿弥陀经要解》一卷，《占察玄疏》三卷，《楞伽义疏》十卷，《盂兰新疏》一卷，《大佛顶玄文》十二卷，《准提持法》一卷，《金刚破空论附观心释》二卷，《心经略解》一卷，《法华会义》十六卷，《妙玄节要》二卷，《法华纶贯》一卷，《斋经科注》一卷，《遗教经解》一卷，《梵网合注》八卷，后附《授戒法》、《学戒法》、《梵网忏法问辩》共一卷，《优婆塞戒经受戒品笺要》一卷，《羯磨文释》一卷，《戒本经笺要》一卷，《毗尼集要》十七卷，《大小持戒犍度略释》一卷，《戒消灾经略释》一卷，《五戒相经略解》一卷，《沙弥戒要》一卷，《唯识心要》十卷，《相宗八要直解》八卷，《起信论裂网疏》六卷，《大乘止观释要》四卷，《大悲行法辩伪》一卷，《附观想偈略释》，《法性观》，《忏坛轨式》三种，《四十二章经解》一卷，《八大人觉经解》一卷，《占察行法》一卷，《礼地藏仪》一卷，《教观纲宗并释义》二卷，《阅藏知津》四十四卷，《法海观澜》五卷，《旃珊录》一卷，《选佛谱》六卷，《重订诸经日诵》二卷，《周易禅解》十卷，《辟邪集》二卷，共四十七种。又定嗣注经目，有行《愿品续疏》，《圆觉经新疏》，《无量寿如来会疏》，《观经疏钞录要》，《十轮经解》，《贤护经解》，《药师七佛经疏》，《地藏本愿经疏》，《维摩补疏》，《金光明最胜王经续疏》，《同性经解》，《无字法门经疏》，《十二头陀经疏》，仁王续疏》，《大涅槃合论》，《四阿含节要》，《十善业道经解》，《发菩提心论解》，《摩诃止观辅行录要》，《僧史删补》，《缁门宝训》，共二十一种，俱未及成书。①

大师示寂，诸弟子请成时师辑《灵峰宗论》。辑成，成时师然香一千炷，愿舍身洪流，一、报师恩，助转愿轮。二、供妙法，生生值遇，三、转劫浊，救苦众生。四、代粉骺，满师弘誓。五、忏重罪，决生珍池。

腊月十二日，成时师撰《大师续传》。后一日撰《灵峰始日大师私谥窃议》。后二日撰《灵峰宗论序》。越一日撰《灵峰宗论序说》。

丙申。

丁酉。

是冬如法荼毗。发长覆耳，面貌如生，趺坐巍然，牙齿俱不坏。因不敢从粉骺遗嘱，奉骨塔于灵峰大殿右。

戊戌。

己亥。

是冬，《灵峰宗论》刻板成。

庚子。

辛丑。

康熙元年，壬寅。

大师入灭八年，壬寅七月，门人性旦病逝，先书嘱语，面乞成时师并胞兄胡净广粉遗骨，代大师满甲午腊月初三日所命。先是成时师邀净侣礼佛说《佛名经》，旦就坛然顶灯，以报法乳深恩。至是复有此嘱。谨就八月集众修药王本事七昼夜而作法焉。

雍正元年，癸卯。（即日本享保八年。）

是年孟春，日本京都《灵峰宗论》重刊版，老苾刍光谦序云："（前略）

---

① 上列著述，系依成时师之《蕅益大师宗论序说》及《续传钞录》。此外尚有《净土十要》《四书蕅益解》《见闻录》等辑著行世。

昔尝读灵峰蕅益大师所著诸书，见其学之兼通博涉，其行之苦急严峻，因窃自叹虽荆溪、四明大祖师几不及也。（中略）古人有言曰，读孔明出师表而不堕泪者，其人必不忠。读令伯陈情表而不堕泪者，其人必不孝。读退之祭十二郎文而不堕泪者，其人必不友。余亦尝言读蕅益宗论而不堕血泪者，其人必无菩提心。"（后略）